WILHELM G.A.DIERCKS

WELLENTHEATHER

GESELLSCHAFTSPOLITISCHE

LESELANDSCHAFT

Das nebenstehende Bild des Autors entstand in den 60 er Jahren.

Titel: Der Seelenmacher

Bei näherer Betrachtung wohl auch mehr eine „Seelen-Maschinerie"
Oder sind es gar die Engel, die von Ihrem himmlischen Stützpunkt aus
auf die Reise gehen?
Wie auch immer - es findet eine Beflügelung statt.

MR. MELLERBOOK (auch ein Buch von mir) würde es „ Behimmelung"
nennen, wie er es ja auch in meinem Buch Mr. Mellerbook beschrieb und damit seinen ganz
persönlichen Beerdigungs-Ritus meinte.

Und was nun hat all das mit Wellentheater zu tun?
Nun - nach dem Dasein als irdische Welle folgt das
Dasein als himmlische Welle.
Wellentheater - unser Theater.
Herzlich Willkommen Theaterschauspieler.

Herzlich willkommen im Wellentheater

der Bühne des Lebens

GEDACHTES

    AUSGEDACHTES

    ANGEDACHTES

        ÜBERDACHTES

            HINTERDACHTES

                VERDÄCHTIGES

ERZÄHLT

VON

IUS JULBERN

ERDACHT

VON

MR. ABC MELLERBOOK

Fragen wir, sehen wir, befragen wir eine Gesellschaft, analysieren wir eine Gesellschaft, in der und mit der wir leben. Begeben wir uns auf die Suche nach der so vollmundig wie vielmundig beschworenen Stabilität dieser Gesellschaft.

Untersuchen wir das Material der Stützpfeiler. Befassen wir uns mit dem real existierenden Wahn des wirtschaftlichen Wachstums. Prüfen wir die Verlässlichkeit einer Lebensbasis, die tagtäglich millionenfach beschworen, bewacht, geschützt, beschützt, verhätschelt und gehätschelt werden muß. Besehen wir uns die beeindruckenden Sachwalter dieses Systems, diese den höfischen Sitten anheim gefallenen Garde von Leutseligkeiten. Decken wir die Raubritterallüren unserer Demokratieapostel auf.

Schauen wir hinter die Fassaden und schauen wir insbesondere den Titeln ins Angesicht. Wie allerliebst doch beispielsweise einer der Lieblingstitel der Neuzeit, namens "Hoffnungsträger". Drehen wir die Medaillen um und erkennen wir staunend die Hoffnungsentferner, die Hoffnungsausrotter, die Hoffnungsfeinde. Nähern wir uns den Verunstaltungs-Veranstaltern und nehmen wir die Ferne ihres real existierenden Menschseins erschauernd zur Kenntnis.

Denken wir über eine Gesellschaft nach, die sich dem Wahn der Grenzenlosigkeit verschrieben hat. Denken wir über eine Gesellschaft nach, die überreich an Ethik, der amoralischen Verkommenheit frönt. Denken wir über eine Gesellschaft nach, die „Gott mit uns sagt", aber auf Koppelschlössern und nicht im Herzen. Nehmen wir uns den Mut, kalten Augen und erkalteten Herzen zu begegnen. Doch hüten wir uns, dem liebäugelnden Charme blank geputzter Feigenblätter zu erliegen.

Folgen Sie der Spur meiner wohlmeinenden Provokation.
Lassen Sie uns gemeinsam Strecken, Schienen und Wege begehen, die himmelstürmend konzipiert, in labyrinthische Höhen führen

INHALTSVERZEICHNIS   TEIL 1

DIE THEATERBESCHREIBUNG

1a   DAS THEATHER AN SICH

Wellengetöse   10
Moloch weitermachen   13
Heimatgefühl   16

1b   DAS THEATERUMFELD

Wahrnehmung und Erkenntnis   19
Gretchenfrage   22
Das Ungeheuer   24
Domestizierung   28
Das Ziel   31
Zweckfortschreibung   33
Rand-Los   37
Sanierung   38

INHALTSVERZEICHNIS   TEIL 2

DIE THEATERSTÜCKE

2a   ERSTES STÜCK
„DIE DES MENSCHEN AN DIE NATUR"

1. Akt   Fundamental- Irrtümer   41
2. Akt   Revolutionen   43
3. Akt   Fortschreibung   45
4. Akt   Die Werke   48
5. Akt   Die Hybris   50

2b   ZWEITES STÜCK
„STAATSZIELE"

1. Akt   Staatsziel Verbildung   53
2. Akt   Staatsziel Egoismus   56
3. Akt   Staatsziel Sachzwang   59
4. Akt   Staatsziel Unbehagen   64
5. Akt   Staatsziel Ersatzhandlung   68
6. Akt   Staatsziel Unvermögen   72

Anhang   75
Anhang 2 Memorandum   77

WELLENGETÖSE

LESELANDSCHAFT   WELLENTHEATER
Die Theaterbeschreibung   Das Theater an sich

Wellengetöse

Wir hasten, werden getrieben, werden gelenkt, taumeln mehr oder weniger besinnungslos von einer „Sinnwelle" zur anderen.

Sexwelle, Kaufwelle, Möbelwelle. Urlaubswelle und Luxuswelle. Nostalgiewelle, Tenniswelle, Körperwelle, stehen beispielhaft für besonders erfolgreiche Inszenierungen des ununterbrochen spielenden Wellentheaters. Eines Theaters, das unter Eingeweihten auch umschrieben wird mit Daseinssinn, mit Lebensqualität oder schlechthin mit Lebenssinn an sich. Augenblicklich haben wir uns der Genußwelle verschrieben. Die Arbeitslosen genießen das Arbeitslossein, die Politiker genießen das Kopflossein, die Egoisten genießen das Egoistischsein. Die Rechen genießen das Reichsein und die Armen genießen das Armsein. Die Strategen genießen das Planlossein der Beplanten und die Werbeleute das Betrillertsein der Umworbenen.

Genuß ist angesagt - da macht es keinen Unterschied, ob Genuß im Frack, beim Kaviar oder aber im Lumpentuch bei trocken Brot. Entscheidend ist stets die innere Einstellung - das Gutgehen, das Gutfühlen. Man muß es nur wollen. Geld ist Nebensache, Girlande, nur Kulisse - als ob das entscheidend wär`. Ist doch genügend Geld vorhanden. es bedarf eben eines entsprechend großen Messers, um sich ein ansehnliches Stück vom Reichtumskuchen zu nehmen. Wer indes meint, er könne unter Einsatz eines ehrwürdigen Familienerbstücks, wie beispielsweise eines Tortenhebers. sein Stück ergattern, der soll sich nicht wundern, wenn er bei diesem Verteilungskampf nicht nur zu kurz kommt, sondern wonöglich auch noch den Verlust seiner Hände beklagen muß. Heutzutage ist flottes Zupacken angesagt.

Immer weniger können wir uns - Adepten wie Kritikaster - jedoch der Einsicht verschließen, Opfer von Unfähigkeitswellen zu sein. Hinter den Theaterkulissen hat sich eine Sintflut von Wellenbergen aufgetürmt, deren Mächtigkeit ein unübersehbares Ergebnis unserer Hybris ist.

) Wir sind unfähig,
) zwischen Anspruch und Bedürfnis zu unterscheiden.

) Wir sind unfähig,
) zwischen Genuß und Sucht zu unterscheiden.

) Wir sind unfähig,
) zwischen Absicht und Motivation zu unterscheiden.

) Wir sind unfähig,

) zwischen Freude und Lust zu unterscheiden.

) Wir sind unfähig,
) zwischen Lebensstandart und Menschsein zu unterscheiden.

) Wir sind unfähig,
) zwischen Wollen und Können zu unterscheiden.
Überall schaffen wir uns Konglomerate, Mixturen, hahnebüchene Gemengelage, Wüsteneien.
Was sind den all unsere Ideologien, unsere Weltanschauungen, unsere Religionen? Was bieten uns unsere zahlreich vorhandenen Weltgehäuse? Was bieten sie uns wirklich - diese ungebärdig sprudelnden Urquellen des Wellengetöses?

Wird unser legitimes Bedürfnis nach überzeitlicher Sinngebung gestillt? Nein! Sind sie dem Sein des Menschen wohlgesonnen? Nein! Sind es Helfer, Kameraden, besorgte Weggefährten? Nein! Sind sie uns verlässliche Wegweiser auf all unseren Lebens- und Erlebniswegen? Selbstlose Orientierer? Aufbauhelfer? Entwicklungshelfer und Verständiger? Nein! Dogmatisierte Flucht- und Zwingburgen glotzen uns an. Verkommende Seinshütten sinds. Elendsquartiere des menschlichen Geistes. Folterkammern der nach Wahrheit und Erkenntnis Suchenden. Verdammenswerte Werkzeuge der Knechtschaft.

Wir haben es zu tun mit abgestandenen, bakteriell verseuchten Long-Drinks, aus der Hexenküche der Menschenverachtung. Wir haben es zu tun, mit Ekel erregenden Mixturen, deren Bekömmlichkeit der Heilkraft von Schlangengift entspricht und deren Darbietungsriten an Lächerlichkeit nichts zu wünschen übrig lassen. Und selbst der uns als Patina erscheinende Abglanz, den man uns als echt und wahr einzuhämmern nicht müde wird, ist lediglich billige Theaterschminke oder bestenfalls mumifizierter Restbestand mit Grünschimmel.

MOLOCH WETERMACHEN

LESELANDSCHAFT   WELLENTHEATER
Die Theaterbeschreibung   Das Theater an sich

Moloch „ Weitermachen"

Die Wellenmaschinerie hat uns auf das Niveau von Projekten heruntermanipuliert. Wir sind zu Projizierungen von Strategien geworden. Die Hammerwerke der Indoktrination - gleichgültig, was uns eingehämmert wird, ob Produkt - oder Ideologie-Werbung - besitzen den Rang von anbetungswürdigen Wesen, denen wir uns kritiklos zu unterwerfen haben. Kritik an den Kritikern hingegen ist hoch erwünscht - da wird man mit frenetischem Jubelgeschrei standepete bei den Hoffnungsträgern und den Garanten des Theaterbetriebes eingereiht. Eine Prozedur, die unter dem Rubrum " Demokratischer Lernprozeß" läuft und Wachstums- wie leistungsgerecht eine sich stetig vermehrende Manövriermasse von staatstragenden Duckmäusern gebiert.

Wir sind zu Komparsen sowohl des materiellen als auch des ideologischen Produktions- Prozesses herabgesunken. Das dominierende Herrschaftsorgan Geld hat aus jedem von uns einen Einzeltropfen werden lassen, eine unverzichtbare Vorraussetzung für die Wellen- Fabrikation. Als Schaumkrone jedweder Welle erscheint dann eine nicht müde werdende Phalanx schamanisierender System-Beweihräucherer auf der Bildfläche - angekündigt, begleitet und gefolgt von einer betörenden Bilder- und Buchstabenflut ungeheuren Ausmaßes. All das im Namen der Freiheit und des Wohlergehens, im Namen der Nächstenliebe und des sozialen Fortschritts. High-High-High nunmehr an Stelle von Heil-Heil-Heil. Chip-Chip-Hurra! Eine trickreiche Brut nomadisierender Slogans nistet sich ein in unsere Herzen, in unsere Hirne, in unsere Seelen. Allüberall im Lande werden neue Startlöcher gebuddelt. Ein neuer Run aufs vermeintliche Glück wird eingeläutet, und wieder einmal erweist sich die geistige Verelendung als ökonomischer Nutzeffekt. Der ungeschützten und unbehüteten Denklandschaft wurde ein weiteres Teststrecken-Areal für den Circulus vitiosus der Konsumraserei entrissen.

Es sind nicht die Bienen, die uns den Kunsthonig liefern. Es sind nicht die Wetter-Wolken, die unsere Hirne bewölken. und wenn wir in uns eine stetig größer werdende Ebbe verspüren, so ist nicht der Mond der Verursacher, sondern wir selbst.

Es ist die Billigkeit und die Hohlheit unseres mit Glanzlack überzogenen Selbstverständnisses, daß wir zum Abklatsch von uns selbst emporgestiegen sind. Eine Sackgasse ist kein Uterus und ein Feuerwerk nicht der Schweif eines Kometen. Abwesenheit von Blindheit bedeutet nicht automatisch Anwesenheit von Erkenntnis - und die unreflektorische Fortschreibung von Erfolgsrezepten ist keine verantwortbare Zukunftsplanung. Politisches Kalkül im Gewande von Heilsgewissheit bezeugt den Denkbankrott und damit die strategische Null-Lösung. Fakten dieser Art zählen jedoch zu den Quälerischen Wissens-Kategorien, denen wir uns nur allzugern verschließen.

Multimedial werden wir animiert, der jeweils residierenden Vorläufigkeit das Siegel „Immerwährend" zu verleihen. Wir werden deanimiert, so in uns der Wunsch, das Verlangen aufkommt, der Wahrheit auf die Sprünge zu helfen. Aber bereits eine Weile später werden wir reanimiert, werden von dem Wellengetöse eines neu heraufsteigenden Zeitgefühls in Schach gehalten. Das Reanimations-Zentrum Wellentheater hatte wieder einmal eine einzigartige Premiere. Die Werbetrommeln röhren in der Art brünstiger Schalmeien und eine gleißende wie glitzernde Flut an Druckerschwärze ergießt sich in unsere Hirne. Und wieder einmal werden wir von dem konzertierten Brachialangriff der Medien zu Höflingen der neuesten Kreation degradiert - sind happy, sind high, sind in, sind dabei, gehören dazu. Verinnerlichen Kriech- und Leimspuren, sind hingerissen von der vernebelten Fernsicht, die uns unsere majestätisch anwachsenden intellektuellen Abraumhalden bieten und erliegen mit Wonne und System dem Unvernünftigsein.

Wieder einmal wurde das Menschsein bereichert, wurden wir einer tönernden Heilsbotschaft in den Rachen geworfen. Wieder einmal beginnt eine schimärenhafte Tanzveranstaltung. Daß wir im Verlaufe unserer diversen Tanzvergnügungen den Kraterrand längst erreicht haben, sehen wir zwar alle, aber zwischen Wahrnehmung und Verarbeitung liegt nun mal ein himmelweiter Unterschied. Erkennen ist noch lange nicht Erkenntnis.

So es denn unserer Blindheit dienlich ist, besitzen wir eine herrlich lange Leitung. Auf unsere innere Selbstverblendung können wir Häuser bauen, und auf diese Häuser sind wir mächtig stolz – in diesen Häusern leben wir. Das es sich um abrissreife Wolkenkuckucksheime handeln könnte, dämmert uns zwar hin und wieder, kann uns aber prinzipiell nicht von dem als richtig erkannten Weg abbringen.

Sollte uns aber dennoch die Geißel der Einsicht treffen, so wird sie als Medium der Streckenprüfung in Kauf genommen und im Gewande einer säuberlichen Kollektivscham eingemeindet. Auf den kaltherzig schlagenden Ordensbrüsten findet sich auch hierfür noch ein Plätzchen. Außerdem ist ein Touch von Einsicht unserem Selbstverständnis durchaus förderlich, bezeugen wir doch damit sowohl Lernfähigkeit als auch Lernwilligkeit, bezeugen wir doch damit unsere Fortschrittsfähigkeit.

Sollte eine solche Prozedur allerdings ausufern und die geheiligten Gefilde unseres Prestiges und der Privilegien ankratzen, würden wir unverzüglich zu einer irreversiblen gentechnologischen Tat schreiten und aus Amnestie und Häresie ein siamesisches Zwillingspaar bilden. Das Eingemachte ist kompromisslos und konsequent vor dem Zugriff Unbefugter zu schützen.

Allesamt sind wir zu gebefreudigen Ammen des Molochs "Weitermachen" geworden. Jeder gibt sein Bestes - sein Unvermögen. Übergangsphasen bestimmen unseren Orientierungssinn. Die Suggestions-Mechanismen befinden sich in einem wahren Fruchtbarkeitsrausch. Wen wunderts da noch, wenn wir alle zu Opfern einer Orgie aus Missmut, Angst, Ersatzbefriedigung und Luxuswahn werden?

HEIMATGEFÜHL

LESELANDSCHAFT WELLENTHEATER
Die Theaterbeschreibung				Das Theaterbeschreibung Das Theater an sich
----

Heimatgefühl

Konnte uns die Nostalgiewelle je Heimatgefühl vermitteln, je Geborgenheit? Jetzt, da sich die ersten Nostalgieblätter braun einfärben, der milde Herbst sich der Nostalgiewelle anzunehmen beginnt, beschleicht uns Ratlosigkeit, ergehen wir uns in larmoyanten Mutmaßungen über eine möglicherweise grassierende Sinn- und/oder Wertekrise. Unser Sehnen, vom Suhlen in der Wurmstichigkeit der Nostalgie erblindet, eingeschläfert und der Grabesstille verfallen, rührt sich nicht mehr.

Mit unserer gesamten Existenz fallen wir jetzt in die Löcher dieser Wurmstichigkeit. Wir haben dem nichts unsere Reverenz erwiesen und nun, da uns gähnende Leere zu umschwirren beginnt, veranstalten wir triviale Deutungsmanöver, sprechen von Sinn- und/oder Wertekrise. Dank unserer Selbstblindheit erklären wir uns zu unschuldigen Opfern eines irrationalen Verwirrspiels, ergehen uns in Untersuchungen und Analysen, und heraus kommt eine Flut von Aspekten - ausgehend von stetig dubioser werdenden Hintergründen. Da wir dem Vordergründigem stets unsere Missachtung entgegenbrachten, sehen wir im wahrsten Sinne des Wortes den Wald vor lauter Bäumen nicht.

Darum muß - selbst unter gebührender Kenntnisnahme der damit einhergehenden Widersinnigkeit - der Wald hinter den Bäumen beginnen. Wo immer wir unseren selbst gestrickten Haltlosigkeiten ausweglos ausgeliefert sind, bedienen wir uns des fadenscheinigen Rettungsankers Sachzwang. Und dann wird es Sonnenklar: Dort, wo sich keine Bäume mehr befinden, genau dort suchen wir den Wald, vermuten wir den Wald. Dort und sonst nirgendwo hat der Wald zu sein. Finden wir ihn nicht, hat es eben nie einen Wald gegeben.

Fassungslos stehen wir da - mit nichts in unseren Händen und Hirnen als dem von uns erschaffenen Nichts. Das Morgen ist eben nicht die Fortsetzung des Gestern. Zukunft war und ist keine verlängerte Vergangenheit. Das, was vor uns liegt, ist nicht der Wurmfortsatz dessen, was hinter und liegt. Das Heute ist Ausblick und Rückblick zugleich. Im gestern liegt nicht ein einziges Heute. Morgen ist heute. Übermorgen ist Heute. Ob wir das jemals begreifen werden?

Nostalgie hat nichts mit wahrer Sehnsucht zu tun. Nur eine korumpierte Sehnsucht, eine verführte Sehnsucht konnte uns solches vermuten lassen. Eine von Hunger, Unterernährung und Mangelerkrankungen ausgemergelte Sehnsucht wars, die da nach dem Strohhalm der Nostalgie griff - zu greifen gezwungen war.

Nostalgie bedeutet Flucht vor der Zukunft, bedeutet Angst. Nostalgie - weil in der Leblosigkeit zu Hause - kann nur Verfall und Verwesung gebären. inmitten musealer Hinterlassenschaften kann man allenfalls vegetieren aber niemals existieren. Wir haben die

Scherben ge - und erwählt, ohne an die Möglichkeit des Scherbengerichts zu denken. Unsere gehegten und gepflegten anheimelnden Schneckenhäuser der Nostalgie konnten nur eines sein – eine Farce.

Jetzt stehen wir vor unserem Züchtungsergebnis und beginnen, die ihm innewohnenden Fadenscheinigkeiten zu beklagen. Wir sind den Verlockungen einer nach innen gerichteten Spirale gefolgt und erlegen. War es wirklich unvorstellbar, unvorhersehbar, daß irgentwann einmal der Punkt kommen mußte, an dem sich Atemnot einstellen würde?

Warum können wir nicht nur kosten? Warum unser blindwütiges Auskosten? eines ist uns ganz gewiß gelungen: Unser Unvermögen feist und fest zu etablieren. Feist und stumpf geworden ist uns all das verreckt, das uns Basis und Ausblick hätte sein sollen - Sensibilität, Gespür, Miteinander, Zuneigung, Rücksicht, Solidarität.

Unsere neue Heimat nennt sich Leere. Der Nihilismus hat sich gehäutet und uns ein totales Nullum hinterlassen - unser neues, modernes Zuhause. Gute, schöne Zeiten eines Sartre! Wir haben unser Ziel erreicht. Zu Göttern sind wir geworden. Thronen auf einem Olymp von Produktionsziffern, Profit, Karriere und Wohlleben - aber Leben will sich nicht einstellen. Leben entzieht sich uns. Das Leben haben wir in TV-Kanäle, Radiowellen und Print-Medien verbannt.

Alles, was uns bleibt ist Schweigen. Alles was auf uns zu kommen wird, ist Schweigen. Die Stunde der Stille - was auch immer wir tun mögen, wieviel Phonstärken wir auch immer ertönen lassen - wir haben diese Stunde provoziert und wir werden uns dieser Stunde zu stellen haben.

WAHRNEHMUNG UND ERKENNTNIS

Leselandschaft Wellentheater
Die Theaterbeschreibung   Das Theaterumfeld

Wahrnehmung und Erkenntnis

Wer es schafft, sich weder von Werbeparolen verblenden zu lassen, noch den Politparolen zu verfallen, den nenne ich einen Leistungsträger von hohen Graden; ist es ihm doch gelungen, sowohl dem Konsum- und Besitztumsrausch zu entkommen, als auch den allerhöchsten tagesaktuellen Verblödungs-Weihen ein Schnippchen zu schlagen. Was würde einen solchen Zeitgenossen vor allen anderen auszeichnen? Was wären seine unzeitgemäßen Mitbringsel? Was befähigte diesen gesellschaftspolitischen Sternenkrieger zu seinem Verhalten? Was sind, wo sind die Selbsttreter, die ihn stark machten?

Zwei leidlich intakte Augen, zwei noch nicht verkümmerte Ohren und zwei mehr oder weniger frohgemut synapsende Hirnhälften. Kurzum - ein Sinnesapparat, dem sowohl Wahrnehmung als auch Erkenntnis noch nicht abhanden gekommen sind. Und was erkennen Sie? Was erkenne ich? Was vermittelt uns unsere noch leidlich intakte Wahrnehmung?

Eine Lebensfülle, die Ihresgleichen sucht, grandios vorwärts stürmend, der Weltgeschichte eine nachhaltige Lektion erteilend. Rausch, Vielfalt, Glanz und Gloria. In sein, High sein, Fit sein. Freags und Frogs und Frugs. Ein Ambiente der Sinnenfreude, zwischen Overkill-Dynamik und Null-Lösungs-Virulenzen lustvoll pendelnd. Vorbildlos, ruhelos, beispiellos. Bierernst und heiter, gleichgültig und ungeduldig, drängend und wartend. Ein Tornado des Machbaren - losgelassen auf die Menschheit - durch die High-Tech gedrillten Köpfe fegend. Euphorisch bejubelt. Verzückt herbeigesehnt. Beglückt erforscht.

All das hochglanzpoliert auf Bütten - handgeschöpft, handverlesen, handverpackt - von Großmutter eigenhändig gegilbt und mit Vergangenheit getrüffelt. Oh ja, diese Zeit besitzt Größe, ist beeindruckend. Eine Zeit voller Fülle und Leuchtkraft.

Was aber steckt wirklich dahinter? Sehen wir hin! Sehen wir nach, und lassen wir uns von dem irrlichternden holografischen Spektakel nicht die Sinne verwirren. Kommen wir dem LackMus auf die Schliche - unterziehen wir ihm einem Lack-Mus-Test. Legen wir den Lack-Mus unter das Raster-Elektronenmikroskop unserer noch intakten Wahrnehmung. Was zeigt sich unseren kopfschüttelnden Sinnen?

Unternehmungsgeist anstelle von Geist
Aktionismus anstelle von Verantwortung
Erbhofdenken anstelle von Solidarität
Kommerz anstelle von Herz

Seelenverstickung anstelle von Seelenstärke
Körperkult anstelle von Körper

Kulturella anstelle von Kultur
Nonsensklamauk anstelle von Humor

Politclownerie anstelle von Politik
Wahnvorstellungen anstelle von Fortschritt
Kommissionen anstelle von Persönlichkeiten
Information anstelle von Kommunikation

Alles in allem:
Maulkörbe als Denkzeuge
Monopolinvest- Monopolinzest
Hierarchie-Oligarchie-Plutogratie
Vorwärtsstrategien mit Rückwärtsgang
Einwegphilosophien

Sackgassentaktiken

Chancen-Ausrottungs-Maßnahmen
im Mäntelchen ökonomischer Sachzwänge

Profitdynamisierungen
im Mäntelchen struktureller Umgestaltungszwänge

Beutedenken
im Mäntelchen leistungsbezogener Vergütung

Und was den Anschein echter Bemühung erweckt, besitzt von Vornherein das einkalkulierte Schicksal der Vergeblichkeit, besitzt den systemerhaltenden Konsens des Zynismus.

GRETCHENFRAGE

Leselandschaft Wellentheater
Die Theaterbeschreibung   Das Theaterumfeld

Gretchenfrage

Worin gründen all die vorgenannten Wahrnehmungen? Im Neidkomplex?
Im Zweck-Pessimismus? Im Egofrust? Im intellektuellen Vernunftsmanko?
Oder all das nur aus Lust an der Polemik? Schreibsucht? Denksucht?
Verunglimpfungssucht? Hirnrissigkeiten? Literaten-Gewäsch?
Elendsgeschrei, manisches?

Fragen wir! Sehen wir! Wo steckt sie denn, die so vielmäulig beschworene Stabilität dieser
Gesellschaft? Aus welchem Material sind den die Stützpfeiler, die den real exestierenden
Wirtschaftswachstumswahn tragen? wie verlässlich ist denn eine Basis, die tagtäglich
millionenfach beschworen,bewacht, geschützt,beschützt, verhätschelt und gehätschelt werden
muß ?Wie beeindruckend aber erst die Sachwalter dieses Systems -diese den höfischen Sitten
anheimgefallene Garde von Leutseligern. Diese Demokratieapostel mit Raubritterallüren. Wie
allerliebst doch deren Lieblingstitel „ Hoffnungsträger". Doch was sinds? Hoffnungsentferner,
Hoffnungsausrotter, Hoffnungsfeinde, Wirklichkeits-Veranstalter.

Was sind wir? Die fröhliche Sonnenschein-Gesellschaft, als die wir uns ausgeben?
Die lachenden und fröhlichen Gesichter der Werbung. Steckt dahinter nicht eine signifikante
Fehlanzeige? Sind es nicht doch Manifestationen neurotischer Zwangshandlungen?
Fluchtburgen für Quäler und Gequälte? Seelennot-Camouflage? Zirkusreife Gaukelspiele?
Alles in allem Kennzeichen einer überaus sorgsam verborgenen Mangelerkrankung?

Eine Perlenreihe schönster weißer Zähne, verziert von einem Himmelmund. Augen, glitzernd
wie der Morgenstern. Körper, makellos wie ein strahlend blauer Himmel. Stimmen,
verführerisch und sinnlich. Alles im eleganten Pep Pop- und Peep-Ambiente. Eine
Verführungsorgie sondergleichen. Eine Verführungsorgie aus Verarschung, Humbug,
Schwachsinn und kalter Berechnung. Und das soll uns gut tun? Das wäre Fortschritt?
Lebensqualität? Soll unserem Selbstwertgefühl auf die Sprünge helfen? Rotkäppchens Wolf
ists, der da meint, wir zahlten dem Raubtier Psychoterror keinen Obolus.

Einerseits wird uns das Vollkommene vorgegaukelt -eine Welt in Glück und Schönheit-
und andererseits wird uns auf Biegen und Brechen das Gegenteil offeriert - eine Welt voller
Elend und Grausamkeit. Eine gnadenlose Relativierung verhöhnt unser Selbstwertgefühl.
glaube man nur keiner, die psychische Drangsal unserer sogenannten Kommunikationsvielfalt
ginge spurlos an uns vorüber. Steter Buchstabe höhlt den Geist. Oder sehen wir uns etwa
unbewußt nach solchen Torturen? Schreit die unserem Selbst auferlegte und in unseren
seelischen Gefilden herumgeisternde Erbsünde nach Selbstgeißelung?

Tagtäglich, Woche um Woche, Monat für Monat, Jahr für Jahr umkreisen uns Wolkenkuckucksheime, werden wir abgespeist mit Schimären, von Phantasmagorien umgarnt.Abgelenkt von uns selbst, hasten wir den Heiße-Luft-Idealen Insein und Outsein hinterher oder davon. Was Wunder, wenn wir uns immer mehr verlaufen, immer mehr verfangen. Ein elendes Spiel, das wir miteinander und doch eigentlich gegeneinander spielen. Wo sind sie denn, die fröhlichen, zufriedenen Menschen? Wo denn nur? In den Werkhallen? In den Büros? In der U-Bahn? Im Autobus? Zu Hause? In der Kirche? Im Flugzeug ? Auf den Straßen ? Die fröhliche, heitere Unbeschwertheit vornehmlich anzutreffen auf Hochglanzpapier, in Werbekult und Showkult ist nicht von dieser Welt. es ist der gauklerische Abglanz einer Scheinwelt und zugleich das Fegefeuer des Alltags. Scheinwelten jedoch, produzieren auf lange Sicht Unzufriedenheit, Agression, Krankheit, Frust. Scheinwelten sind Drogen, sind optisches Kokain, sind akustisches Heroin, und eine Scheinweltdroge von besonderer Reinheit -raffiniert vermittels intellektueller Blausäure- ist hierbei die Werbung; die politische wie die kommerzielle Werbung.

DAS UNGEHEUER

Leselandschaft Wellentheater
Die Theaterbeschreibung   Das Theaterumfeld

Das Ungeheuer

Der öffentliche Glorienschein der Gegenwart -garniert mit Horrorbildern- geriert sich als lebensnahe Selbstbespiegelung, und selbst im Lichte einer milden Erkenntnis bleibt von ihm nicht viel mehr als die unleugbare Verwandtschaft mit dem Ungeheuer von Loch Ness-ein aus Berechnung geschaffenes Monster, dessen Anwesenheit uns animieren und dessen Schnaufen uns motivieren soll.

Wollte man den Verlautbarungen dieses Monstrums Glauben schenken, dann dürfte es nur Menschen geben, die nie arbeiten, die stets Feten veranstalten, Menschen, die angesichts einer Tasse Beuteltee euphorisch werden. Menschen, die für salmiakgepflegte Badezimmerfliesen ihr letztes Hemd weggäben -Luftballon-Menschen, Beate-Uhse-Puppen, Phantasiegestalten,Wahngebilde. Es scheint wirklich so zu sein, als würden uns die Lenker unserer Bedürfnisse entsprechende Herkunftsansprüche zubilligen.

Wenn etwas signifikant ist und an unserer Zeit, dann sind es die Puppen-Ungeheuer, die den Anspruch erheben bzw. uns mit dem Anspruch offeriert werden, daß wir uns in ihnen wieder finden. Diese Wahngebilde des öffentlichen Glorienscheins, diese Irrsinnsgebilde der Bedürfnislenkung. Orten wir doch endlich die Dunkelkammern, in denen dieses Spektakulum entwickelt wird.

Wir sollten den so genannten Machern, den Trendsettern, den Kreativitäts-Rittern, den Innovations-Virtuosen nicht länger das Feld überlassen. Wir sollten die Phantasie aus den Fängen und Ketten derjenigen befreien, die es schon geschafft haben, aus der Phantasie eine Konsumhure zu machen. Wir sollten endlich zurückfinden auf die Erde. hier leben wir, von dort beziehen wir unsere Kraft.

Hören wir endlich auf damit, immer neue Worthülsen zu produzieren. Ein Bleistift bleibt ein Bleistift, auch wenn man ihn Graphitliner nennen würde. Ein Bett bleibt ein Bett, ganz gleich, ob man in ihm oder auf ihm einschläft, beischläft oder entschläft. egal ob nun Liegestätte, Schlafstätte oder gar Arbeitsstätte genannt. Und wenn schon neu, dann bitte genau: Warum nicht Totmacher für Scharfrichter.(sind Richter übrigens ansonsten unscharf?) Warum Kraftwerk und nicht Luftverseuchungswerk? Wie wäre es mit Untertanenmacher für Staat und mit Fallenmacher für Polizei?Wäre Angstmacherei anstelle von Justiz nicht weitaus treffender, so wie Schufterei anstelle von Arbeit? und fragen wir uns ernsthaft ob Niedermacherei nicht doch ehrlicher wäre als Parlament, wie denn auch Ideologie durch Idiotie ersetzt werden sollte.

Wir besitzen an treffenden Ausdrücken,an exakten Begriffen noch ungeheure, ungehobene Schätze. wer hindert uns eigentlich daran, unter dem Begriff „ Zwei" Liebe zu verstehen? und

wer da meint, dies sei zu eng gesehen, der kann Liebe ja auch gerne weiterzählen. Aber nein! Nur nicht einfach! Nur nicht verständlich! Mittelmaß? Einfachheit? Nur gut? Igittegitt! Wie trivial! Wie gewöhnlich! alles muß Glanz haben- muß Outfit und Infit hergeben, muß Fitissimo sein. Angekratzt wäre bereits zu tief. Die Leichenberge unter dem Verbalwust unserer Tage gilt es mit allen Mitteln zu schützen. Pietät!
Immer wieder werden wir mit nichts sagenden Pusteblumen ruhiggestellt. Immer wieder lassen oder ließen wir uns einreden, es sei dunkle Nacht und nehmen dann mit Glühwürmchen als Sonnenersatz vorlieb. Lackierte Pappkartons als Allzweckcontainer. Kehricht mit Büttenrand als New-Age Spektakel. Sinnenschmus als Mittel der Gehirnvernagelung.

Wären wir Missgeburten- körperliche Abkömmlinge einer universellen Selbstunwissenheit - könnten wir all diese Widersinnigkeiten und den ganzen Aberwitz des real existierenden Menschseins (Miteinander + Zueinander) ja noch irgentwie und irgentwohin einordnen. aber allein unsere körperliche Konstruktion widerspricht einer solchen abenteuerlichen Annahme.

Wir sind keine Missgeburten! Wir sind keine Winzlinge! Hüten wir uns vor der verführerischen „Erkenntnis" wir seien nichts anderes als Erscheinungen im Meer der Unendlichkeit – tauchen auf und tauchen wieder unter, sind und sind nicht, seien und sind nicht.

DOMESTIZIERUNG

Leselandschaft Wellentheater
Die Theaterbeschreibung   Das Theaterumfeld

Domestizierung

Unser Erkenntnisvermögen haben wir auf Gedeih und Verderb den etablierten Wissenschaften anvertraut. Nur von dort her kann das Forschungsheil zu uns gelangen. Für wie lange wollen wir uns noch der Einsicht verschließen, daß wir uns auf einer trügerischen Betonpiste der Forschungsraserei befinden? Die methodische Entwicklung unseres Unvermögens hat uns zu Ufern finden lassen, an denen sich nie Flüsse befanden. Die Pervertierung des uns innewohnenden - des uns mitgegebenen - Klarheitsansatzes scheint uns höchste Lust zu verschaffen - ganz so, als wolle ein Auto zum Zwecke der Selbstfindung die Fensterscheiben mit schwarzer Farbe übermalen.

Und dennoch: die stärkste Einzelmacht ist und bleibt der einzelne Mensch. Ein Wahlspruch, dem sich jeder von uns verpflichtet fühlen sollte. Die heutzutage unter Krokodilstränen so auffällig oft beschworene Machtlosigkeit des Einzelnen, bzw. ganzer Gruppen, muß als eine besonders raffiniert eingefädelte Verunsicherungskampagne angesehen werden. Absicht und Richtung sind unterdes glasklar: Domestizierung! Der Wähler als parlamentarisches Haustier.

Und sonst? Eine „grandiose" Technik jagt die andere. Jahrhundert-Bauwerk reiht sich an Jahrhundert-Bauwerk. Wir taumeln dahin in einer Sintflut von Errungenschaften. Fette Schlagzeilen und magere Inhalte bestimmen unser Informations-Angebot. Brachialpolitiker haben Konjunktur. Problemlöser werden, wie immer schon, seitens der Machtträger und Machthaber verteufelt und bestenfalls totgeschwiegen. Problemerfinder dagegen, als Zukunftsgaranten und staatserhaltende Kräfte gefeiert.

Nachdenklichkeit wird als Seinsschändung gebrandmarkt, als Nörgelei gebrandmarkt. Die Fortschreibung eines einmal eingeschlagenen Weges dagegen als Großtat verantwortungsvollen Tuns gefeiert.

Neue Wege, Ideen und Gedanken werden mit dem Stigma des Chaotischen versehen. Reaktionäre Wegbereitung allenthalben Rückbesinnung genannt. Der Rittersporn der Inhumanität blüht wie nie. Abfederungsmechanismen anstelle sozialer Verantwortung, und dort, wo wirtschaftspolitisches Versagen vorliegt, nennt man es Strukturkrise. Jasager sind gefragte Mitarbeiter. Daß sie potentielle Versager sind - wen kümmerts.

Wir degenerieren zu Vasallen. Zu Medien-Vasallen. Zu Wahl-Vasallen. Zu Konsum-Vasallen. Zu Begutachtungs-Vasallen. Zu Placebo-Vasallen. Ausgefuchste Strategien reden uns ein, wir seien immer weniger in der Lage, die Horizonte unseres Seins und unseres Tuns zu erkennen. Komplexitäts-Produktion auf der ganzen Linie. Ursachen- Wirkungs-Ketten erhalten nur dann eine Wirklichkeitszulassung, wenn sie in ihren Konsequenzen störfrei für die Zukunfts-Verplanung sind. Die Zukunft hat fest im Griff determinierter Zuwachsraten zu sein.

Zukunft kommt nicht mehr einfach auf uns zu. Wir haben das Zukunftslasso erfunden. Wir haben die Zukunft eingefangen, gezügelt und gezäumt und vor unseren Karren gespannt. Nun aber nichts wie rann an die jungfräulichen Freiräume. Yupie-Ye. Gnadenlos werden die noch ungenutzten Marktgegebenheiten geortet, verplant und bedenkenlos kommerzialisiert. Erst unschuldiges Lamm, dann Investitions-Insel und zu guter schlechter Letzt dann Schlachtopfer auf dem Altar des Marktes - ein Reigen ohne Ende, ein Reigen, der sich selbst verschlingt.

Nichts, aber wirklich gar nichts entgeht dem Umsatz. Umsatz ist die heilige Kuh der wirtschaft. Wie hoch der Einsatz auch immer sein mag, welcher Art der Einsatz auch immer sein mag, Einsatz ist Nebensache, Umsatz ist alles, Umsatz ist Hauptsache. Nur Umsatz bringt Gewinn. Schonung des Menschen bringt keinen Gewinn. Schonung der Natur bringt keinen Gewinn. Es gibt auf dieser Erde nur einen einzigen Gewinnbringer, Gewinnmacher - Umsatz! Der Umsatz ist die absolute Headline. allein der Umsatz dreht das Rad der Wirtschaft - Absurditäten, Aberwitz Amoral tangieren ihn nicht. Die Daumenschrauben ethischer Normen greifen hier nicht. Umsatz ist ethikfrei. Die Domestizierung ist allgegenwärtig, ihre Peitschenhiebe ertönen allüberall.

DAS ZIEL

Leselandschaft Wellentheater
Die Theaterbeschreibung   Das Theaterumfeld

Das Ziel

Ziel des pausenlos spielenden Wellentheaters, dieser Vernunft verschlingenden Suchtorgie ohnegleichen, ist ein aufgrund verklausulierter Vernebelungskünste hochstilisiertes Verdummungswahrzeichen. Es nennt sich Gewinn, Überschuß, Dividende, Tantieme, Zinsfuß, Lombardsatz. Nicht allzu selten kommt es aber auch kostümiert einher und dann lauten seine Pseudonyme: Verlust, Konkurs, Bankrott, Vergleich. Ganz besonders ergreifend ist jedoch sein Auftritt im grauen Flanell: Jetzt nennt es sich Gesetz, Vereinbarung, Kompromiß, Absprache, Verordnung, Anordnung, Bestimmung. In seiner verwahrlosten Aufmachung wie Diebstahl, Betrug, Unterschlagung, Hinterziehung ist es weniger gesellschaftsfähig. Aber auch hier sind Tendenzen eines New-Wave anzutreffen. Die paragraphierte Enge dieses Terrains erweist sich zunehmend als ein ärgerliches Hindernis, insbesondere im Rahmen sowie im Auftrage staatsbürgerlicher Verantwortlichkeiten.

So hat sich ein Spinnennetz von ungeheurer Kompliziertheit entwickelt. Wen wundert es da noch, wenn dieses Spinnennetz nur von entsprechend kompetenten Spinnern behütet und geflickt und somit am Leben erhalten werden kann? Daß wir - die wir genötigt sind, in und mit diesem Netz zu leben - kaum noch den Himmel sehen, zählt nicht. Auch sich abzeichnende Erstickungsgefahren oder Risiken, ganz gleich welcher Art, werden rigoros beiseite geschoben - hier zählt allein der Erfolg, alles andere wird ausgezählt. Als Prophylaxe fungiert die Katastrophe. Vorhersehbare Entwicklungen münden in unvorhersehbare Unglücksfälle und die widerwillig geduldeten Warnzeichen wurden allesamt von Spielverderbern aufgestellt.

Unkenrufe gelten als wirtschaftsschädigend, staatsunfreundlich, technikfeindlich, fortschrittshemmend und somit gesellschaftsfeindlich. Da ist es nur konsequent und ein Akt rechtsstaatlichen Selbstverständnisses, Unkenrufer als soziologisches Störfallpotential einzustufen und sie der Meute der staatlich gelenkten Datenjäger als Spiel und Ernstfallmaterial zu überantworten. Verbaler Schadstoffausstoß und terroristische Gesinnung besitzen immerhin nachbarschaftliche Merkmale.

Einen Schadstoffausstoß ganz anderer Güte liefert hingegen die dem Hang zum Lapidaren unterworfene Schönfärberei unserer Sprache. Verniedlichung, wo es eben nur geht - das ist die Devise. Hyptnotische Einlullungsmanöver als unverzichtbare Strategien der Staatskunst. Nehmen wir beispielsweise die Begriffe Gefahr und Risiko. es ist schon mehr als demaskierend, daß dieses Begriffspaar insbesondere auf dem finanziellen Sektor und im militärischen Sprachgebrauch dominiert. Ansonsten greift man zum Verbalbeschöniger „Störfaktor" - mit Vorliebe bei technischen Zusammenhängen. Die Technik hat wie geplant zu funktionieren. Die dem Willen des Menschen unterworfenen Naturgesetze wurden zu einem beherrschbaren Faktum im Räderwerk der Planung. Und sollten Technik und /oder

Naturgesetze hin und wieder der menschlichen Planung aus dem Ruder laufen, ist man lediglich genötigt gegenzusteuern und das Ruder eben noch fester in die Hand zu nehmen.

Da umfassende Planung per Definition Gefahren und Risiken auf einen vernachlässigbaren Rest minimiert, bleiben uns logischerweise nur noch die im Prinzip ungefährlichen Störfälle, die harmlosen Zwischenfälle, die aufgrund menschlichen Fehlverhaltens verursachten Beeinträchtigungen des Betriebsablaufs. Auch der größte anzunehmende Störfall (GAST) bleibt nach dem Gesetz der Störfallphilosophie beherrschbar, weil denkbar. Erst nach dieser Denkbarkeitsgrenze beginnt einsehbarerweise die Undenkbarkeit und untrennbar mit ihr verbunden die Unfallphilosophie mit ihrem Klimax-Technicus dem GAU. Eine Spielwiese des Horrors - mehr nicht. Die frankensteinsche Schreckenskammer der Technik - Mabuse-GAU und Vampir-Fallout in einem.

Bliebe letztlich noch die Tatsache erwähnenswert, daß die akademisch verfügten Bedingtheiten des komplexen Gebildes Technik, außerhalb der sich wieder erhebenden Elfenbeintürme immer weniger vermittelbar und nachvollziehbar zu sein haben. Auch dieses ein unverzichtbares Faktum im Rahmen der machtpolitischen Zielplanung.

ZWECKFORTSCHREIBUNG

Leselandschaft Wellentheater
Die Theaterbeschreibung   Das Theaterumfeld

Zweckfortschreibung

Ausgehend von dem ehrwürdigen theologischen Grundsatz, daß der Zweck die Mittel heilige wird unser Geistesapparat entsprechend konditioniert. Und weil mehr unterschwellig als lauthals-offiziel mit nicht geringem Erfolg. Eine schlau gemachte Nötigung, eine verheerende Maxime für Einrichtung und Ausrichtung unseres Selbstverständnisses. Eine augenzwinkernde Methodenwahl der Doppelbödigkeit. Ein schäbiger Begleiter all unserer Betrachtungen und Entscheidungen. Ein Bollwerk der Menschenverachtung. unseren Sinnen und unserem Tun stets auf den Fersen.

Bezugspunkt einer solchen erklärtermaßen allerheiligsten Prozedur, ist die Fortschreibung des seit Urzeiten beschrittenen Weges. Der Zweck selbst bedarf keiner konkreten Definition. Der Zweck gründet allein im Weitermachen - Zweckfortschreibung als apostolische Segens-Parole der eschatalogischen Heilsgewissheit.

Das Weitermachen wiederum, sich des Segens der Irrtumslosigkeit der den Heiligen Geist verwaltenden Amtsträger gewiß, müßten Zwecklosigkeit als einen Anschlag auf sich selbst empfinden. Ein durch und durch frevelhafter Gedanke. Frevel ist jedoch der Quell aller Sünde und davor bewahre uns derjenige, dessen Namen auf nimmermüden Lippen jene tragen, die seiner nicht würdig sind, von uns aber dennoch als eben die angesehen werden, die sie vor Gott nicht sind.

Wir lassen uns einreden, brave Schafe sein zu müssen. Mit psychologischem Fingerspitzengefühl - man könnte es auch rabiate Feinsinnigkeit nennen - haben uns die Hirten konditioniert, die tägliche Wollabgabe als Prinzip der Existenzerhaltung zu verstehen. Sogar unser Blöken geriet noch unter die wohlmeinenden Fittiche unserer Schäfer. Aber wo und wann und wie können und dürfen wir nun blöken?

Wer ungestüm blöken möchte - immerhin ein Zeichen von noch vorhandenem Selbstbehauptungswillen - der geht ins Fußballstadion oder zu anderen sportiven Blökveranstaltungen. Das geht zwar ins Geld und findet auch nur an bestimmten Tagen statt, ist aber stets von wohltuender Wirkung auf Geist und Gemüt. Insbesondere bei gebrochenen Nasenbeinen, Schienbeinen, Schlüsselbeinen und anderem Gebein. Damit einhergehende Brüllorgien sind begrüßenswerte psychosomatische Reinigungsgewitter. Entsprechend heraufziehende Gewitterfronten werden bereits Tage vor dem Ereignis in den einschlägigen Medien vorausgesagt.

Wer dagegen gestüm blöken möchte, demutsvoll, moderat, kanalisiert und sublimiert, der geht in die reichlich vorhandenen öffentlichen Blökhäuser- genannt Kirchen. Das ist umsonst und wirkt auch entsprechend. Allerdings soll sich die eigentliche Wirkung erst nach dem Tode einstellen. Verlässliche Daten jedoch liegen darüber nicht vor. Da immer mehr Menschen in die Fußballstadien und immer weniger in die Kirchen gehen, besteht zumindest noch ein gewisser Hoffnungsschimmer. Wie schön immerhin, daß auch Psychologen zu den Anwälten dieses Hoffnungsschimmers zählen.

Wer weder auf Sportplätzen, noch in den Kirchen abblökt, dem bleibt eine Unzahl anderer Blökmöglichkeiten. Mit dem Auto im Nebel 180km/h fahren, ist die allerneuste Methode. An weiteren Schrecknissen zum Abblöken ist kein Mangel. Kindesmisshandlung z.B. ist eine weit verbreitete Methode. Auch das Umbringen im Affekt ist eine garnicht seltene Möglichkeit. Für den Entwicklungsstand des Menschen bezeichnend, daß allenthalben die Schrecknisse auf dem Vormarsch sind. Man besehe sich in diesem Zusammenhang nur einmal die Selbstzerstörungs-Szene mit Drogen und Alkohol. abblöken will eben - wie alles andere auch - gelernt sein. Blöken, als des Zweckes reinster Sinn, als des Menschen eigentliche Berufung.

RAND - LOS

Leselandschaft Wellentheater
Die Theaterbeschreibung   Das Theaterumfeld

Rand-Los

Zweifellos unterliegen all die vorgenanten Verflechtungen, Vermaschungen und Vernetzungen unserer freien Entscheidung. Jeder von uns kann sich für oder gegen das Müssen entscheiden. Das Dürfen hingegen ist gesetzlich geregelt, da weiß man, was man hat. Wer sich gegen das Mitmachenmüssen, gegen das Weitermachenmüssen entscheidet, der wird solange im sozialen Netz geschaukelt (verschaukelt), bis er aus dem Netz herausfällt. Rausfall aber ist Ausfall, ist Abfall und Abfall muß beseitigt werden. Nichts ist nun mal vollkommen. Produziert aber ein erklärtermaßen gesunder Organismus Eiterbeulen, dann handelt es sich um Exzesse partieller Verirrungen, die mit dem Organismus an sich gar nichts zu tun haben. Man fängt an, uns in Viren und Organismen zu unterteilen. Ein Rassismus völlig neuer Provinienz beginnt sein Haupt zu erheben - der Randgruppen-Rassismus.

Daß jede Mitte einen Rand besitzt, einen Rand besitzen muß - einer solchen Erkenntnis wird kein Raum gegeben. Auf los geht's los - alles zur Mitte hin, nur dort läßt sichs leben. Wir verwirklichen die erste Mitte ohne Rand, die randlose Mitte, die randlose Gesellschaft - jeder hält den Rand.

Wer andere zu Nullen abstempelt und sich anschließend über eine sich realisierende Nullbockmentalität im Rahmen einer sich dynamisierenden Null-Lösung abkanzelnd ereifert, der spricht sich sein eigenes vernichtendes Urteil. Die Windmühlenflügel der Verweigerung gegen die er zu kämpfen antritt, sind politische Eigenkonstruktion. Eine machiavellistische Donquichotterie ist es, die sich da auf der politischen Bühne abspielt, eine abgrundtiefe Heuchelei. Nur ins Kraut geschossene Machtgier, einhergehend mit der menschenverachtenden Hoffnung, genügend tumbe Narren zu finden,
kann das Motivations-Gebräu abgeben, ein solches Spiel zu wagen und zu spielen.

Schwarz spielt wie immer va banque und schiebt Rot geschickt die Verluste zu. Grün gewinnt immer mal wieder und wird von Schwarz, der Minimaleinsätze wegen, als Falschspieler angeprangert. Gelb taumelt wie stets am Rande der Pleite entlang und initiiert demzufolge stets aufs neue ein ganz anderes, noch nie da gewesenes Spiel. Spielziel: Fremdsanierung abbauen, Eigensanierung stärken.

SANIERUNG

Leselandschaft Wellentheater
Die Theaterbeschreibung   Das Theaterumfeld

Sanierung

Sanierung tut not! Aber dieser Begriff aus der Gattung Gehirnschlagsahne wird ein lotgerechtes Operieren kaum zulassen. Ohne Zweifel ist ein in der Wohnung gelegener Lokus mit Wasserspülung besser als ein Plumpsklo auf dem Hof, eine Badewanne angenehmer las Omas Abwaschschüssel und im Regelfall ist auch eine Dusche der Benutzung einer Gartengießkanne vorzuziehen.

Aber was hätte das mit Sanierung zu tun? Wer würde hier saniert und wer sanierte sich? Eigenartiger Sanitätsdienst, sonderbare Sanitäter - die Leistungsfähigkeit des Behandlungsdienstes erforderte ein entsprechendes Volumen an Wunden. Wir schlagen uns, damit wir aneinander verdienen. Wir bekämpfen uns, um Höchstleistungen zu erzielen. Die Wohlstandsgesellschaft als Schlachtfeld der Gegenwart so einfach ist das. Darum auch muß Wirtschaft Schlagkraft besitzen. Schlagkraft erzeugt Wunden. Wunden garantieren Umsatz. Und Umsatz bringt Profit.

Sanierungsbedürftig sind unsere Geschichtsbücher, unsere Fernsehprogramme, unsere Zeitungen. Sanierungsbedürftig sind wir selbst - unsere Herzen, unsere Hirne, unsere Seelen, unsere Köpfe.

Unsere Wirklichkeit ist voller Plumpsklos, voller Fäulnisbakterien und voller verrotteter Leitungen. Morsches Gemäuer findet man auf Schritt und Tritt. Aber wir sind ja eine Unternehmer Gesellschaft und demzufolge auf Gedeih und Verderb dem Kommerz, der Umsatzideologie und der sie begleitenden Absurditäten ausgeliefert.

Der Verderb ist am Zustand eindeutig ablesbar. gedeihlich haben sich allerdings ein paar Konten entwickelt. Der Luxus blüht. Die Habgier wittert Morgenluft, derweil der Egoismus sich zu einer allseits anerkannten Tugend mausert. Kondome dürfen öffentlich aufgeblasen werden - aber in Turnschuhen an einer Kanzlerwahl teilzunehmen ist unvertretbar. Die Unsinnigkeit dieses Vergleichs korrespondiert hervorragend mit der Unsinnigkeit unserer Finanz- und Wirtschaftsordnung. Eine heilige Kuh kann kein gemeinsamer Nenner sein. Wir mokieren uns gern über die Rückständigkeit anderer Völker. Wir haben allen Grund, uns über unsere eigene Rückständigkeit zu mokieren - ja, zu entsetzen.

Was hindert uns eigentlich daran, der auf uns zukommenden Zuwachsrate an fortschreitender Entwicklung den Namen zu geben, der ihr gebührt? Sprechen wir doch endlich von der Rudi-Ratlos-Gesellschaft, der Unsinns-Gesellschaft, der Verblödungs-Gesellschaft. Sprechen wir von der KDW-Gesellschaft, Der Kraft-durch-Wunden-Gesellschaft - einer gesellschaftspolitischen Vereinigung, bestehend aus Ignoranten, Sanierern, Subventionierern und Kastrierern. Ohne die Zukunft zu achten, Zukunft haben wollen - ganz so, als gäbe es die einseitig festgemachte Hängematte. Lautstarke Nebelstocherei als Konzeptfindungsprozeß. Wie bereits gesagt: Unsere Herzen und Hirne sinds, die der Sanierung bedürfen.

FUNDAMENTAL- IRRTÜMER

Leselandschaft Wellentheater
Die Theaterstücke
1. Stück „ Die Kriegserklärung des Menschen an die Natur"

Erster Akt „ Fundamental-Irrtümer"

Der Mensch hat der Natur den Krieg erklärt. Im Prinzip jedoch entspricht das einer Kriegserklärung des Menschen an den Menschen. Das Verhalten der Natur läßt darauf schließen, daß die Kriegserklärung angenommen wurde. Ein für den Menschen aussichtsloser Kampf hat begonnen. Noch hat der Mensch Gelegenheit, diesen kompletten Irrsinn zu beenden und den Kampf einzustellen. Mögen die nachstehenden Ausführungen dazu eine Denk- und Entscheidungshilfe sein.

Siegmund Freud stellte folgendes fest:

) 1. Die kopernikanische Revolution habe erwiesen, daß (entgegen der seinerzeit bestehenden
)   Auffassung) die Erde nicht der Mittelpunkt der Welt sei.

) 2. Die darwinistische Revolution habe erwiesen, daß (entgegen der seinerzeit bestehenden
)   Auffasssung) der Mensch nicht die Krone der Schöpfung sei.

) 3. Die psychoanalytische Revolution habe erwiesen, daß (entgegen der seinerzeit
)   bestehenden Auffassung) der Mensch nicht Herr im eigenen Hause sei.

Die zusammenfassende Würdigung dieser revolutionären Errungenschaften führt uns zu der Erkenntnis, daß die vorgenannten epochalen Menschheitsfortschritte stets aufgrund vorherrschender Fundamental-Irrtümer erfolgten.
Frage: Welchem Fundamental-Irrtum sind wir derzeit erlegen?

REVOLUTIONEN

Leselandschaft Wellentheater
Die Theaterstücke
1. Stück „ Die Kriegserklärung des Menschen an die Natur"

Zweiter Akt   „ Revolutionen"

Sehen wir uns die von Freud aufgeführten revolutionären Erkenntnisse einmal in einem systematisierten Zusammenhang an:

1. die kopernikanische Erkenntnis-Revolution

) Ordnungsbegriff   : Astronomie
) Begriffszuordnung   : Raum, Universum, Kosmos, Erde
) Signifikanz   : Dynamik, Ausdehnung
) Analogie   : Grundstück
) Struktur   : 1.0.0.0

2. die darwinistische Erkenntnis-Revolution

) Ordnungsbegriff   : Anthropologie
) Begriffszuordnung : Körper, Genetik, Natur, Umwelt
) Signifikanz   : Konzeption, Mutation
) Analogie   : Haus
) Struktur   : 1.1.0.0

3. die freudsche Erkenntnis-Revolution

) Ordnungsbegriff   : Psychologie
) Begriffszuordnung : Person, Struktur, Charakter
) Signifikanz   : Verhalten, Empirik
) Analogie   : Einrichtung
) Struktur   : 1.1.1.0

FORTSCHREIBUNG

Leselandschaft Wellentheater
Die Theaterstücke
1. Stück „ Die Kriegserklärung des Menschen an die Natur"

Dritter Akt   „ Fortschreibung"

Da wohl kaum davon ausgegangen werden kann, daß damit die revolutionären Erkenntnisse bezüglich der um uns und in uns existierenden Daseinsfelder ihr Ende gefunden haben, stellt sich zwangsläufig die Frage nach der weiteren Fortschreibung der revolutionären Erkenntnisse. sehen wir, was sich uns anbietet.

Nach dem Raum, dem Körper und der Person, stellt sich die Frage nach dem weiteren Ergebnis, nach dem Folgesinn. Die vierte Strukturstufe will erkannt und definiert sein. Das Vorherige umgab und umgibt das jeweils nachfolgende. Der Raum den Körper, der Körper die Person und die Person somit das Neue, das Nochnichtvorhandene, das Sichentwickelnde, das Ergebnis. Ergo:

4. die rationale Erkenntnis-Revolution

) Ordnungsbegriff   : Bewußtsein
) Begriffszuordnung : Ergebnis, Essenz, Mensch, Ratio
) Signifikanz   : Sozialisierung, Gewissen
) Analogie   : Bewohner
) Level   : 1.1.1.1

Die 4. Erkenntnis-Revolution wird uns zwingen, die Teppiche aufzuheben und den unter sie gekehrten Müll als den von uns geschaffenen Müll anzuerkennen. Wir werden uns nicht länger der Einsicht verschließen können, daß wir Irrtum für Wahrheit hielten und Wahrheit für Irrtum. Die 4. Erkenntnis-Revolution läßt uns den mit unseren Scheinwahrheiten und Irrtümern übersäten Menschheitsweg in rationaler Klarheit erkennen. Wir müssen nach hinten sehen. Immer weniger wird unser Bewußtsein eine Vogel-Strauß-Politik zulassen. Und immer weniger werden wir uns der zunehmenden Gewissensschärfung unseres Bewusstseins entziehen können.

Die 4. Erkenntnis-Revolution wird erweisen, daß der Mensch lernen muß, zwischen Gut und Böse zu unterscheiden, lernen muß, mit Gut und Böse umzugehen. Nicht also in der Bibel das Verbot, von den Früchten des Baumes der Erkenntnis zu essen, sondern im Gegenteil, das Gebot die Früchte dieses Baumes nicht verkommen und verfaulen zu lassen. Nicht das Werden wollen wie Gott als Sündenfall, sondern das Verharren in menschlichen Unzulänglichkeiten als Sündenfall, denn in der Tat müßte es ein recht merkwürdiger Menschenvater sein, wäre er darauf bedacht gewesen, seine Kinder in Unwissenheit und ohne Entwicklungschance zu belassen. Wie sollten sich denn wohl Unwissende die Erde untertan machen? Wie über Tiere herrschen, ohne zwischen Gut und Böse unterscheiden zu können?

1. Mose16/17 dürfte demnach wie folgt gelautet haben:

Und Gott der Herr gebot dem Menschen und sprach:
„ Du darfst nehmen von allen Bäumen im Garten, aber von dem Baum der Erkenntnis des Guten und des Bösen davon sollst Du nicht nehmen, davon mußt du nehmen. Die Frucht dieses Baumes soll dir deines Geistes Nahrung sein. Du wirst des Todes sterben, sofern du die Nahrung dieses Baumes verschmähst."

Die 4. Erkenntnis-Revolution wird somit erweisen, daß Rationalität und Irrtumsfähigkeit einander bedingen. Ist aber die Rationalität irrtumsbestimmt, irrtumsgebunden, dann wären wir gehalten, die rationale Dimension neu zu bestimmen und einzuordnen. Wir benötigen Erkenntnis- und Wahrnehmungsmut, um Überlebensmut zu mobilisieren. freilich wird uns das nicht unter der Ägide unseres linearen, digitalen Denkrasters gelingen. Unser Großhirn soll unter den Bäumen der Phantasie lustwandeln, in den Gefilden der Intuition beseligt die Schwingen erheben und folgerichtig den Folgerichtigkeiten entfliehen dürfen. Nur wenn wir mit einem kühnen Schwung das Aquarium unserer Denkgewohnheiten verlassen, werden wir die Begrenztheit und die Irrtums-Verfangenheit unserer Situation erkennen können. Wir müssen uns frei machen von der Droge Irrtum oder wir werden ihr rettungslos verfallen.

DIE WERKE

Leselandschaft Wellentheater
Die Theaterstücke
1. Stück „ Die Kriegserklärung des Menschen an die Natur"

Vierter Akt: „ Die Werke"

Wohin hat uns die Ratio geführt? An ihren Werken sollten wir sie und uns erkennen! Man besehe sich nüchtern und vorurteilsfrei die Welt! Welches Bild bietet sich uns? Unsere Ratio hat grandiose Irrtümer begangen, wahre Meisterwerke der Verirrung. Alles spricht dafür, daß wir in die Werke unserer Irrtümer geradezu verliebt sein müssen. Ganz offenbar faziniert uns die Narretei und die verwirrende Kühnheit unserer Irrtümer. Auf welchen Feldern auch immer - ob Politik, ob Wirtschaft, ob Forschung, ob Lehre oder ob Kultur - unser gesamtes Miteinander ist davon geprägt. Wir mögen und fördern die herausfordernde Komplexität eigentlich total unsinniger Sachverhalte. Wie da zum Beispiel sind:

Der brandgefährliche Teufelskreis der Rüstungsspirale
Die bis zum Widersinn ausgereifte Landwirtschaftspolitik
Der mit Blindheit geschlagene Fortschrittsglaube
Das wider jede Vernunft operierende Wirtschaftswachstum
Die Tragikomödie des Weltwirtschaftssystems
Der irrtumsträchtige Wust von Dogmen und Ideologien
Die den Fanatismus nährenden Weltanschauungen

Ohne Zweifel - unsere Ratio ist ein Irrtumsträger, ein Irrtumspfleger. Erst dann, wenn ein Irrtum tot gepflegt wurde, er sozusagen seinen Geist aufgab, kam hinter ihm die glanzlose Wahrheit ans Licht. Wir geben aber eindeutig dem Glimmer den Vorzug, wir mögen keine Glanzlosigkeiten. Der Irrtum bürgt für Spektakel, für Show, für Abwechslung, für Kurzweil.

Irrtum steht für selbst gestrickte Rätsel, für selbst auferlegte Mühsal, und wonnevoll sonnen wir uns in den sich daraus ergebenden Aufgaben. Die Grandiosität dieser Verhaltens-Piroette ist wahrhaft einzigartig. Eine Irrtums-Ästhetik der wir geradezu verfallen sind. Wir wissen ja von unseren Unsinnigkeiten, wir wissen von den perversen Mühen unseres Miteinanders. Doch wir können nicht davon lassen, nur zu gerne folgen wir unserem Unvermögen. Ist der Irrtum genial und wir ihm unterlegen? Gibt denn erst die Spannungskraft des Irrtums unserem Sein einen Sinn? Was ist mit der Wahrheit? Finden wir sie töricht, langweilig, fad, spießig, unerfreulich ?

DIE   HYBRIS

Leselandschaft Wellentheater
Die Theaterstücke
1. Stück „ Die Kriegserklärung des Menschen an die Natur"

Fünfter Akt   „ Die Hybris"

Die rationale Erkenntnis-Revolution wird erweisen, daß Bewußtsein keine angeborene Eigenschaft ist. Der Mensch besitzt kein ihm mitgegebenes Bewußtsein, sondern erwirbt es sich im Laufe seines Lebens - lernt, Gut und Böse zu erkennen - lernt, konzeptionell zu denken und das Absehbare seines Tuns zu erkennen. Bewußtsein ist Gewissensschärfung, ist Gewissensbildung. Gewissensbesitz ist unverzichtbare Vorraussetzung für Menschwerdung und Mensch-Sein.

Bewußtsein ist nicht angeboren, nicht vererbbar, nicht mitgegeben. Bewußtsein ist ein Lebensprodukt, ein sich im Laufe des Lebens prozessual entwickelndes Mehrsein. Bewusstseinswerkzeug ist das rational angelegte Ich, die vernünftig denken könnende Person. Vernunft ist die Methode zur Bewusstseinsentwicklung. Irrtümer sind die unumgänglichen Begleitphänomene, denn immer wieder halten wir bereits die Leibwache für den Herrscher. Alle drei Revolutionen, von denen Freud so treffend sprach, haben bis dahin geltende Wahrheiten als Hybris enttarnt.

) Kopernikanisch - als Antwort auf die menschliche Verstiegenheit, die Erde habe der
)   Mittelpunkt des Universums zu sein.

) Darwinistisch - als Antwort auf die menschliche Verstiegenheit, der Mensch habe die
)   Krone der Schöpfung zu sein.

) Freudianisch -   als Antwort auf die menschliche Verstiegenheit, der Mensch habe seiner
)   stets mächtig zu sein.

Die rationale Hybris liegt offen zu Tage. Die rationale Hybris geht von der Annahme, der Verstiegenheit aus, daß es dem Menschen gegeben sei, das Machbare zu beherrschen. Ein kriminelles Postulat! Trotz dreimaliger Warnung, hat wieder einmal die Erde Mittelpunkt des Universums zu sein. So lange doch der Mensch nicht in der Lage ist, die Konsequenzen seiner werke in all ihren Aspekten zu übersehen, wie sollte es da angehen, daß diese Werke dennoch seitens der Menschen beherrschbar sind?

Wie sollte ein Fahrzeug beherrschbar sein, dessen Fahreigenschaften unbekannt sind? Während der Fahrt herausfinden? Auch auf die Gefahr eines Totalschadens hin? Exakt diesen

Punkt hat die rationale Hybris unserer Tage erreicht. Weil wir uns nicht lösen mögen von lieb gewordenen Vorstellungen der rationalen Selbsteinstufung, nehmen wir ein globales Untergangsrisiko in Kauf und nennen es Restrisiko. Gleich unseren Altvorderen beharren wir wieder einmal auf irrtumsträchtigen Ansichten und Überzeugungen.

Pfründe, Prestige und Macht haben sich zu den meistgefragten und gejagten Lebensgütern gemausert - ein klarer Beweis für das Endstadium von Fundamental-Irrtümern. Man opfert den Antagonismus und richtet sich ein. Hin und wieder ein gleichgültiges Achselzucken oder ein bedauerndes Kopfnicken für den fälligen Sozial-Tribut. Wen wunderts, daß da die Produktion von Mitleidswellen in voller Blüte steht und eine Flut von Spendenaufrufen die ruchlosen Ungerechtigkeiten vergessen machen sollen. Wieder einmal wird versucht, die Welt als antagonistisches Seinsgebilde zu verkaufen. Eine Sackgasse ist eine Sackgasse. Da gibt es nur ein Entrinnen - die Umkehr! Eine Sackgasse ist beängstigend - darum der Wildwuchs von Aggression, Gegnerschaft sowie von Heilssehnsüchten - bester Nährboden für reaktionären Neo-Schmus.

Der Fundamental-Irrtum unserer Tage hat dazu geführt, daß der Mensch der Natur den Krieg erklärte. Wie kann der Mensch nur annehmen, diesen Krieg gewinnen zu können? Nur die aus rationaler Hybris entstandene Wahnvorstellung von Allmächtigkeit kann ihn dazu verleitet haben. Nur ein neuerlicher Fundamental-Irrtum konnte die Menschheit in die Sackgasse hineinmanövrieren, in der sie heute erwiesenermaßen steckt. In dieser Sackgasse kann es keinen Fortbestand der Menschheit geben.
Dieses allen ins Stammbuch!

STAATSZIEL VERBILDUNG

Leselandschaft Wellentheater
Die Theaterstücke   2. Stück   „ Staatsziele"

Erster Akt   „ Staatsziel Verbildung"

Wir leben in dem Wahn, Beherrscher der Erde zu sein. Wir nähren den Wahn, die Erde sei uns untertan, sei unser Eigentum. und doch sind wir nur Gäste hier. eine Tatsache indes, die wir geflissentlich totschweigen. Wir richten uns auf Dauer ein, unsere Lebensbasis ist die Open-End-Philosophie. garnicht weiter verwunderlich, wenn auch die Bildungsaktivitäten auf der Schiene einer falsch verstandenen Gastrolle laufen.

Wir werden als unbeschriebenes Blatt – als unbeschriebenes Ich – geboren. Dieses Ich ist rational angelegt. Dieses Ich kann denken, es ist lern- und verarbeitungsfähig, es arbeitet sowohl denkorientiert als auch speicherorientiert. Es operiert assoziativ, linear und analog. Leistungsvermögen und Leistungsbereitschaft sind beeindruckend. Aber dieses Ich will geschult sein. Es bedarf der Vernunftsschulung. Doch anstelle einer Vernunftsschulung erfährt unser Ich eine lebenslängliche Gehorsams- und Befehlsschulung. Routine und Gewohnheit avancierten zu den tonangebenden Entwicklungshelfern des menschlichen Geistes. Gewissenschulung, Bewusstseinsförderung, Persönlichkeitsentwicklung stehen hinten an.

Unser Bildungssystem ist nicht nur nicht adäquat, es ist ein Partisanengebilde, ein subversives Sabotageunternehmen mit dem Ziel der Volksverbildung. Unsere Bildungseinrichtungen sollten Denkschulen und Lernschulen sein, doch stattdessen sind es Denkfähigkeits-Zertrümmerungs-Anstalten, vom Lern- und Notenwahn befallene Zwangsgebilde. Bei der Beurteilung unseres Schulwesens kann es kein Pardon, keine Gnade, keinen Großmut geben. Schonungslos müssen hier die Fakten ans Tageslicht gezerrt werden. In der Schule werden die Weichen für die Zukunft gestellt. Und wohin führen die derzeit bestehenden Weichenstellungen? Sie führen auf Abstellgleise. in Sackbahnhöfe und enden an Prellböcken. Eine Perspektive der Perspektivlosigkeit mit gesetzlich verankerter Streckenführung und Streckenplanung. Zukunftserwartung und Zukunftshorizonte haben das Niveau eines Verwaltungsaktes erklommen. Stimmen wir uns demzufolge bereits heute auf unsere zukünftigen Klagen ein. Uns wird gegeben werden, wonach uns heute verlangt, nach der puren Aussichtslosigkeit.

Die Nullbockmentalität ist eben doch keine Ausgeburt einer irrationalen Verweigerungslust. Und wo dessen ungeachtet Ursachen-Wirkungs-Ketten als Wahngebilde etikettiert oder als Mentalitäts-Verirrungen denunziert werden, da ist des Irrtums Freude groß, da ist des Irrtums Wachstum gesichert.

Nur mit einem Gefühl innerster Erschütterung und voll bebenden Zorns kann man die Schulwirklichkeit unserer Tage zur Kenntnis nehmen. Der Schulauftrag, bestimmt von dem hehren Ziel der Volksbildung und der Weitergabe des kulturellen Erbes, sowie einherkommend unter den anspruchsvollen Fittichen pädagogischer Headlines, gerät im Schulalltag zur Schulfront. Einer Schulfront, an der das Mensch-werden-wollen, Mensch-werden-können und das Mensch-werden-müssen der Schüler und Schülerinnen erbarmungslos zerschellt, - ganz so, als wollte man junge Menschen zur Körperertüchtigung an eine Kriegsfront abkommandieren.

) Lernfreude	Nicht gefragt
)	Dafür Notendruck
) Denkfreude	Nicht gefragt
)	Dafür Paukdruck
) Phantasienetwicklung	Nicht gefragt
)	Dafür Ordnungsdruck
) Schöpferkraft	Nicht gefragt
)	Dafür Erziehungsdruck
) Menschenkunde	Nicht gefragt
)	Dafür Religionseinerlei
) Lebenskunde	Nicht gefragt
)	Dafür Leistungsruder
) Selbstbehauptungswillen	Nicht gefragt
)	Dafür Anpassungsdruck

Druck, Einerlei, Zwang und nochmals Druck, und Freiheit nur dort, wo sie sich auf den unbedeutendsten Nenner bringen läßt. Aber selbst diese unbedeutende Freiheit kann vor den kalten Augen der die Schulen befehligenden Freiheitsgaranten nicht bestehen. Schule und Freiheit bilden offenbar im Bewußtsein der für das Verbildungssystem zuständigen Amtsträger ein Störfallpotential von monströser Größe - SchulGAU sozusagen. Amtsträger, die so dächten, hätten Recht! Der SchulGAU ist da. Noch schlimmer - der GAUS ist da. Der größte anzunehmende Unfall-Schule. Aber nicht mangelnde Umsicht der für das Verbildungssystem Schule Zuständigen ist ursächlich für das Desaster, sondern die Kehrseite der Umsicht - die nicht beachtete Einsicht. Die heutige Schule muß weg – freie Sicht auf den denkenden Menschen.

STAATSZIEL EGOISMUS

Leselandschaft Wellentheater
Die Theaterstücke   2. Stück   „ Staatsziele"

Zweiter Akt   „ Staatsziel Egoismus"

Der Mensch rennt der Arbeit nach. Die Arbeit rennt dem Geld nach. Das Geld rennt dem Profit nach und der Profit rennt der Habgier nach. Das elendeste Rennen der Welt und doch DAS Rennen. Wer da nach dem Grund des Elends sucht - egal ob in der 1.2.3.4. oder einer anderweitig benummerten Welt - die Habgier ist das Grundübel.

Die Habgier jedoch besitzt den Rang einer staatlich geförderten Tugend. Die Habgier ist ein erwünschtes, weil Konsum und Wachstum stimulierendes Verhalten. Wie es sich aber nun einmal gehört, nennt man dieses verkommene Kind menschlichen Wollens und Handelns nicht bei seinem Familiennamen. Die Habgier wurde von Staat wegen adoptiert und nennt sich jetzt Gruppeninteresse, Erfolgsstreben, Machtbewußtsein, Tarifabschluß, Gewinnausschüttung. Man kann das Nachlaufspiel jetzt erweitern. Die Habgier läuft der Macht nach und die Macht der Begierde. Die Begierde jedoch ist blind, Begierde zerstört, zermalmt, ebnet ein. Begierde ist nicht ansprechbar, Begierde ist taub. Begierde ist eine Ausgeburt der Maßlosigkeit, ein Schrecken sondergleichen.

Dieser Schrecken regiert uns, leitet uns, treibt uns. Treibt uns zurück in unmenschliche Zustände, treibt uns in Schrecknisse. Die Begierde ist zur allumfassenden Herrscherin aufgestiegen. Wir wähnten uns arm, zu kurz gekommen, redeten uns ein, Sandkörner zu sein. Wir ignorierten den Reichtum des Menschseins und warfen uns hoffnungsfanatisch der Begierde in die Arme. Jetzt zerfrisst uns die Begierde - Stück für Stück. Unsere Seelen unsere Herzen, unseren Geist - alles wird auf dem Altar der Begierde geopfert. Wofür? Keiner weiß es zu sagen!

Es ist so schön, dabei zu sein.

Betrachten wir nur einmal die Bemessung des wirtschaftlichen Wachstums. ein absoluter mathematischer Unfug. kein relativer prozentualer Zuwachs kann laufend zunehmen, wenn gleichzeitig auch die Berechnungsbasis um eben diesen Zuwachs kumuliert (rekursive Berechnung). Wie sollte beispielsweise ein Auto schneller werden können, wenn gleichzeitig mit der Beschleunigung und der damit verbundenen höheren Umdrehungszahl, auch die Räder entsprechend größer würden? Die derzeit gültige Berechnungsmethode wirtschaftlichen Wachstums ist ein Akt grandioser Volksverdummung. Stetig kleiner werdende Zuwachsraten suggerieren einen Abwärtstrend und sind ein vorzügliches Psychofutter zur Zügelung von Begehrlichkeit und Anspruchshaltung der Unwissenden. Die rekursive Berechnungsmethode unserer wirtschaftlichen Zuwachsraten läßt indes, aufs Ganze gesehen, nur fallende Ergebnisse zu. Gleichbleibende, geschweige denn steigende Prozentwerte sind allein aufgrund mathematischer Gesetzmäßigkeiten auf Dauer unmöglich (

für alle. die nach und mitrechnen möchten, siehe „ Rechenexempel", Anhang)

Doch ununterbrochen wird den Menschen auf allen Medienkanälen die uneingeschränkte Machbarkeit eines stetig sich steigernden, rekursiven wirtschaftlichen Wachstums vorgegaukelt. Was sich indes bis ins Ungemessene hinein steigern wird, ist die Des-Information, die Schein-Information.
Herrschaftswissen wurde noch zu keiner Zeit auf dem freien Markt gehandelt. Und so gehen denn Egoismus und Begierde als legitime Kinder eines sich stetig fortentwickelnden Herrschaftswissens weiter ihren unheilvollen Gang.

Unsere derzeitig gültigen Wachstums-Rezepte sind von unübertroffener Güte:

- totessen, damit die Landwirtschaft floriert
- totrauchen, damit die Zigarettenindustrie floriert
- tottrinken, damit die Getränkeindustrie floriert
- totrüsten, damit die Rüstungsindustrie floriert
- totfahren, damit die Autoindustrie floriert
- totarbeiten, damit die Rentenversicherung floriert

Kurzum: Totleben, der Gewinne zuliebe.

STAATSZIEL SACHZWANG

Leselandschaft Wellentheater
Die Theaterstücke   2. Stück   „ Staatsziele

Dritter Akt   „ Staatsziel Sachzwang"

Unsere Zeit ist von einer Fülle neuer Bewegungen, einer Unzahl von Schlagwörtern und einer
unaufhörlich wachsenden Flut neuer Begriffe, Orientierungen, Klassifizierungen,
Markierungen und Ereignissen gekennzeichnet:

Abrüstung
　Arbeitslosigkeit
　　Aufrüstung
　　　Dritte Welt
　　　　Entwicklungshilfe
　　　　　Global Player
　　　　　　High Tech
　　　　　　　Lebensschutz
　　　　　　　　New Age
　　　　　　　　　Nord Süd Gefälle
　　　　　　　　　　Ökologie
　　　　　　　　　　　Ozonloch
　　　　　　　　　　　　Pluralismus
　　　　　　　　　　　　　Radioaktivität
　　　　　　　　　　　　　　Reinheitsgebot
　　　　　　　　　　　　　　　Raumfahrtprogramm
　　　　　　　　　　　　　　　　Singularismus
　　　　　　　　　　　　　　　　　Terrorismus
　　　　　　　　　　　　　　　　　　Überbevölkerung
　　　　　　　　　　　　　　　　　　　Umweltschutz
　　　　　　　　　　　　　　　　　　　　Währungspolitik
　　　　　　　　　　　　　　　　　　　　　Wertekrise

Und die Generalüberschrift all dieser Bewegungen, Aktionen, Tatsachen, Idealismen? Reicht
es denn, diesen unfassbaren Wust an Aufbrüchen und Einbrüchen, mit Menschheitskrise zu
benennen und am Mündungsdelta dieser Krisenströme eine Weltuntergangsuhr aufzustellen?
Zumal eine Uhr ohne Uhrwerk, wie es scheint, denn fünf Minuten vor Zwölf war es bereits
vor Jahren. Sollte eine solche Uhr wirklich existieren, so stehen deren Zeiger längst hinter der
Zwölf. Aber zu unserem „ Glück" oder zu unserem „ Unglück" - wer wüsste das schon zu
sagen - dürfte diese Uhr eine kleine Zeit vorgehen. Eine Vorgehzeit indes, die uns in einer
fatalen Sicherheit wiegt. Kaum vorstellbar, daß die Selbstheilungskräfte der Natur schonend
mit uns umgehen werden, wenn wir auch weiterhin die Gnadenzeit der Vorgehzeit ungenutzt
verstreichen lassen.

Religiöse Perspektiven hingegen, verweisen uns ein aufs andere mal in heilsgeschichtliche Gefilde. Auch nicht neu - und schon garnicht hilfreich. Eine zweitausendjährige Eschatologie hat uns stumpf werden lassen. Die himmlische Terminplanung hat ihren Schrecken verloren.

So nimmt es nicht Wunder, wenn deterministische Spurensuche nur noch als schaurig, schöne Glaubenslust in diversen Sekten-Käfigen existiert. Wie sollten uns auch prophetisch offenbarte himmlische Strafgerichte beeindrucken, wenn wir nicht einmal fähig und bereit sind die selbst erschaffenen auf uns zukommenden Strafgerichte wahrzunehmen. Oder sollte hier in Wirklichkeit gar kein Unterschied bestehen? Eine bohrende Frage; eine Frage, die sich in der Mitte unseres Selbstwertgefühls hineinbohrt. Wie auch immer: Wir sind gehalten, uns den Ergebnissen unserer Ignoranz zu stellen. Wir sind gehalten, unsere grandiosen Versäumnisse wahrzunehmen. Wir sind gehalten, die Zukunft zu lieben.

Zweiffellos sind wir allesamt in ein weltweites Netz von Versäumnissen und damit einhergehenden Abhängigkeiten verstrickt. Angesichts der Komplexität dieses Sachverhaltes, seiner Unberechenbarkeit und Undurchschaubarkeit flüchten wir uns mehr und mehr in den Terminus „Sachzwang". Wir kaschieren unsere Versäumnisse, unsere Fehler, unsere Ignoranz mit der ursächlichen Definition eines Sachzwangs. Ein Bemühen, das lediglich die Qualität der Inkompetenz besitzt, ein Akt der Selbstentmündigung. aber niemand in Sicht, dem wir unser famoses, selbst verordnetes Mündelsein andienen könnten. Die Flucht in den Sachzwang ist eine erbärmliche, weil gewissenlose Flucht.

Von Sachzwängen zu reden, Sachzwänge als irreversible Fakten herauszustellen, zeugt von Verantwortungsflucht. Wir werden uns mit unseren Werken und unseren Versäumnissen auseinanderzusetzen haben. Wir haben für eine rationale Welt votiert. Wir haben eine rationale Welt errichtet. Jetzt, da uns diese von uns erschaffende Welt über den Kopf zu wachsen droht, weisen wir ihr den Rang einer eigenen Wesenheit „Sachzwang" zu. Was ist daran eigentlich noch rational?

Konsequenterweise müßte dann auch der Name des unsere Zeit regierenden Gottes „Sachzwang" lauten. an diesen Gott hätten wir unsere Gebete zu richten.

„Heiliger Sachzwang, erhöre uns"
„Himmlischer Sachzwang sei uns gnädig"
„Allmächtiger Sachzwang erlöse uns"

Aber da wir es sind, die diesen Sachzwang, diesen Gott erschaffen haben, würden wir damit nur zu uns selbst beten, als Täter, Opfer, Richter und Anwalt in einer Person. Wir alle sind zu Vasallen des von uns erschaffenen allumfassenden Gottes „Sachzwang" geworden. Hier ist dann auch die gesuchte Headline, der gesuchte Gereralnenner - „Gottes Sachzwang" und nur wir selbst können uns von diesem Sachzwang befreien, entlassen, emanzipieren. Der ursprüngliche Begriff aus der römischen Rechtssprache lautete - aus dem macipium (= Eigentum) entlassen. Der Sachzwang ist unser aller Eigentum - aus diesem Eigentum können nur wir selbst uns entlassen. Ausgehend von diesem Generalnenner, sind wir gehalten, ein ganzes Bündel von Emanzipations-Strategien zu konzipieren und zu realisieren:

Entlassen wir also:

- Wirtschaft aus dem Sachzwang Wachstum

- Arbeit aus dem Sachzwang Karriere
- Gesellschaft aus dem Sachzwang Prestige
- Ausbildung aus dem Sachzwang Konkurrenz
- Kreativität aus dem Sachzwang Kommerz
- Kompetenz aus dem Sachzwang Macht

Doch nicht genug damit: Hinzu kommt, daß sich die verschiedenen Sachzwänge gegenseitig durchdringen und ein unheilvolles, wechselseitiges Zusammenspiel veranstalten.
Die Situation gleicht dem Leidensweg eines Patienten mit einer Serie schwerer Erkrankungen, wobei die Therapie der einen Erkrankung zur Dynamisierung eines anderen Krankheitsbildes beiträgt. Jede Indikation wäre von schweren Nebenwirkungen begleitet. So gesehen würde sich hier die Aufgabe stellen, den ursächlichen Krankheitsherd zu erforschen, den ursächlichen „Sachzwang" herauszufinden.

Frage: Wo liegen unsere gravierendsten Versäumnisse, Verirrungen, Fehlhandlungen? Unser Feld der Blindheit, wir haben es reich bestellt - wo haben wir es am reichsten bestellt?

Ohne Zweifel ist die Kommerzialisierung aller Lebensbereiche ein Erzübel, ein Gift für unser Miteinander. Es gibt eine Paradoxie, der wir unsere Anerkennung nicht verweigern sollten:
„Ökonomie wird auf Dauer unbezahlbar"
Stellt sich die Frage, wer dieses Gift in Händen hält, wer dieses Gift dirigiert, wer über dieses Gift verfügt? Eines steht unumstößlich fest - über dieses Gift gebieten Menschen und weder Gottesmächte noch die Mächte der Finsternis. Männer, Frauen, Kinder gebieten über das Geld. Die Kinder gebieten über ihr Taschengeld und die Frauen in ihrer Mehrzahl über ihr Haushaltsgeld. Die strategischen Gelder indes, befinden sich mehrheitlich im Besitz von Männern. Damit steht fest: Geldpolitik wird überwiegend von Männern betrieben. Soweit Frauen Verfügungsgewalt über strategische Gelder besitzen, können sie aufgrund der vorherrschenden Gegebenheiten auch nur im Rahmen der maskulinen Parameter handeln. Die Dominanz der dispositiven Männermehrheit, läßt eine Gegenstrategie nicht zu.

Der ursächliche „Sachzwang", von dem aus alle anderen Parameter ihre Stütze erfahren, wäre somit das Verhalten und die Machtstellung der Männerwelt, die Männerwirtschaft und damit die maskuline Denkungsart - der nach wie vor in hoher Blüte stehende Männlichkeitswahn.
Somit wäre die Frauen-Emanzipation der einzig mögliche, weil einzig richtige Ansatzpunkt, diese Welt ins Lot zu bringen.

Die Männer müssen die Frauen aus dem historisch gewachsenen maskulin bestimmten Eigentumsverhältnissen entlassen.

Aus dem Eigentum der von Männern geschaffenen Gesetze

Aus dem Eigentum der von Männern geschaffenen Wirtschaftsordnung

Aus dem Eigentum der von Männern geschaffenen Prinzipien für Ehe und Familie

Aus dem Eigentum der von Männern geschaffenen Verhaltensweisen in liebe und Sex

Aus dem Eigentum der von Männern geschaffenen Erziehungsprinzipien

Aus dem Eigentum der von Männern geschaffenen Weltanschauungen

Aus dem Eigentum der von Männern geschaffenen Wertegerüste

Aus dem Eigentum des von Männern geschaffenen Menschenbildes

In einer von Männern geprägten Welt kann es keine Gleichberechtigung zwischen Männern und Frauen geben. In einer von Männern geprägten Welt, kann sich eine Frau nicht entfalten, sondern nur verkümmern. Verkümmern aber die Frauen, dann verkümmern auch zugleich die Männer und die Kinder. Die Früchte dieses Verkümmerungsprozesses können wir heute jederzeit und weltweit ernten. Der von den Männern zu verantwortende Gott „Sachzwang" hat sich längst zu einem Moloch weiterentwickelt. Was sollte aus einem von Menschen erschaffenen Gott auch anderes werden, als ein uns erbarmungslos verschlingendes Monstrum.

Wie immer wir uns auch drehen und wenden mögen, zu welchen Ausreden und Selbstentschuldigungen wir auch immer flüchten, wir haben diesen Moloch der Selbsterniedrigung erschaffen, und wir müssen ihn demzufolge auch wieder außer Kraft setzen. Es ist bezeichnend, daß die ansonsten so tollkühnen und heldenhaften Männer angesichts ihrer eigenen Schöpfung, ihr Heil in Ignoranz, Feigheit, und wissenschaftlicher Ratlosigkeit suchen. Signifikant für das Selbstverständnis der Männerwelt auch die zunehmende Flucht in Scheinargumentationen und Scheingefechte. mehr und mehr treten die kläglichen Schöpfungen der Männerwelt zu Tage, und die schamanenhaften Krisenbeschwörungsrituale - Gipfeltreffen genannt - zeigen unübersehbar den Riesenwuchs der Inkompetenz an.

STAATSZIEL UNBEHAGEN

Leselandschaft Wellentheater
Die Theaterstücke   2. Stück   „Staatsziele"

Vierter Akt   „Staatsziel Unbehagen"

Unbehagen - was ist das? Woran erkennbar? Mit welchen Kleidern schmückt es sich? Unter welchen Namen tritt es auf? Wie lauten seine Synonyme und Pseudonyme?

Hoffnungslosigkeit
  Verdrossenheit
    Lustlosigkeit
      Beklommenheit
        Bedrücktheit
          Missstimmung
            Missbehagen
              Verzagtheit
                Entmutigung
                  Widerwille
                    Überdruß

Das große Unbehagen an der Wirklichkeit unserer Zeit hat nichts zu tun mit propagandistischer Indoktrination. Das große Unbehagen ist keine Phantasmagorie, keine Schimäre. Das große Unbehagen an der Wirklichkeit unserer Zeit ist die unartikulierte Reflexion auf unzeitgemäße Prioritäten und Normen.

Das große Unbehagen ist indes kein Privileg unserer Zeit. Auch vergangene Jahrhunderte und Jahrtausende blieben von dieser irrational erscheinenden Regung nicht verschont. Revolutionen und Reformen sind sichtbarer Ausdruck der Kraft, die diesem Unbehagen innewohnt.

Bis zum heutigen Tag wurden die geschichtlichen Prozesse zum weitaus überwiegenden Teil von menschenfeindlichen Dogmen gesteuert. Zurückliegende Revolutionen und Reformen konnten lediglich die allerschlimmsten Auswüchse kaschieren. Wir sehen nur darum die unzeitgemäßen Prioritäten und normen nicht, weil diese von Feigenblättern verdeckt sind, die die Siege des Unbehagens dorthin wehte.

Aber es existiert ein Unterschied zu vergangenen Epochen. Das heutige große Unbehagen ist von einer noch nie gekannten und da gewesenen Intensität. Dieses Unbehagen wehrt zunehmend auch die eigenen Feigenblätter fort, so daß die ruchlose Nacktheit der Organisation unseres Miteinanders sichtbar wird. Anders, als in der Vergangenheit dämmert heutzutage in vielen einsichtigen - und widerwillig auch in vielen uneinsichtigen - Köpfen die Erkenntnis, daß weder kosmetische Operationen, noch Systemrenovierende Prozeduren dem heutigen Unbehagen den Wind aus den segeln nehmen könnten.

Wenn wir frei von ideologischer Ganglienverkrümmung das Allerheiligste des gegenwärtig herrschenden Systems betrachten - in Augenschein nehmen - so müssen wir erkennen, daß dort, wo wir einen kraftvollen Kern vermuten bereits die Fäulnis thront. Diese Feststellung läßt uns auch die absurd erscheinenden politischen Verwirrspiele und die damit einhergehenden Ablenkungsstrategien begreifen. Schillernde Vielfalt soll Substanz vorspiegeln. Aktionismus jedweder Couleur soll die Brüchigkeit und die unzeitgemäße Ausstattung unseres abendländischen Wertegefüges verdecken.

Die kriegerischen Ereignisse der letzten Jahrhunderte - insbesondere aber die beiden Weltkriege - ließen eine Hoffnung aufkommen, die allein Nichtanwesenheit von Krieg als Frieden definierte. Ein verhängnisvoller Irrtum. aber es waren nicht nur Irrtümer. Ebenso gut waren es auch Versäumnisse, Gedankenlosigkeit sowie politisch motivierte Manöver, die uns veranlaßten, den Tellerrand als Denkgrenze zu installieren. Am schwerwiegensten jedoch, die vom und im Krieg geschaffenen Macht- und Wertestrukturen. Hier wurden Interessenlagen tradiert, die uns zwangsläufig irgentwann einmal die Zukunft verstellen mußten. Wundern wir uns also nicht, wenn wir heute vor den unbewältigten Hinterlassenschaften unseres kriegerischen Miteinanders stehen. Und wieder einmal tönt aus allen Ecken und Enden: „Vorwärts Kameraden, wir müssen zurück". Wie sollten uns denn die Nachfolger jener Fachleute, die uns in die gegenwärtige Malaise hineingeritten haben aus dieser Malaise herausführen? Da müßte ja erst einmal ein wissenschaftlicher Aufstand hinsichtlich der tradierten akademischen Heilsgewissheit stattfinden. Findet ein solcher Aufstand statt? Nein! Es wird gelehrt wie eh und je! Es wird Zunder gelehrt. Zunder, der das Unbehagen nährt. Zunder, der den Terrorismus nährt.

Die allseits beklagte Orientierungslosigkeit unserer Zeit beruht auf einer Orientierungslücke, auf einer Denklücke. Das Gras der Orientierung wachsen hören wird uns nicht gelingen. Auch wird es kein weicher Grasteppich sein, auf dem wir umstellt von lieblich anmutenden Hinweisschildern ins gelobte Land finden werden. Wie sollten überdies verlässliche Wegweiser entstehen, wenn sie den dunklen Gurgelschlund des großen Unbehagend außer Acht lassen? Das große Unbehagen in und an unserer Zeit - bis dato wurde es nur äußerst unzulänglich analysiert und interpretiert. Parteilichkeit auf ganzer Linie. bestenfalls Blauäugigkeit, schlimmstenfalls Blindäugigkeit. Gewaltig die intellektuellen Aufklärungs- und Informationsmanöver, die in diesem Zusammenhang veranstaltet werden. Aber all diese programmatischen Verlautbarungen sind nichts anderes, als systemabhängige Ringelspiele. inmitten eines hochgestochenen Wortgeklingels zu Schicksals- und Lebensfragen der Menschheit, rankt sich unser Verdacht empor, daß Machtfülle und Sachverstand sich rettungslos in den wild wuchernden Tentakeln der tonangebenden Polit- und Wirtschafts-Mechanismen verfangen haben. Orgiastische Zukunftsvisionen prasseln auf uns nieder. Eine Wort- und Bilderflut nie gekannten Ausmaßes ergießt sich über uns. Wortungeheuer wie beispielsweise Global-Player ertränken unsere Sinne. Tagtäglich sind wir einem zielsicheren Bombardement von Plänen, Absichten und Optionen ausgesetzt. Doch die Mehrzahl all dieser Aktivitäten kann ihre Herkunft nicht verleugnen: Systemimmanent eingefärbt und angebunden an die residente Methodenstruktur kommen sie in Gestalt hilfreicher Heinzelmännchen auf uns zu. Traumwelten als Analyse-Ersatz.

Mit der Forderung nach intellektueller Redlichkeit diesem Sachverhalt gegenüber, ist der Bann der Ausweglosigkeit nicht zu brechen. Hier stellt sich die Frage des intellektuellen Horizonts, der creativen Potenz, des guten Willens, der personalen Unabhängigkeit. Hier stellt sich die Frage nach der individuellen Sehfähigkeit.

Um sehen zu können, sollten wir endlich unseren Gedanken die dogmatisch eingefärbten Brillen abnehmen. Um zu sehen, was möglich ist, sollten wir unseren Gedanken endlich gestatten, auf dem verbotenen Rasen zu spielen. Noch können wir uns aus eigenem Antrieb heraus dazu entschließen, die uns einengenden Grenzen zu sprengen. Versuchen wir aber weiterhin gegen den Strom des großen Unbehagens zu schwimmen oder sollten wir fortfahren, Stromgeschwindigkeit und Stromrichtung im Sinne bisheriger Werte und Normen zu manipulieren, dann werden wir schon sehr bald vor dem blanken Nichts stehen.

Wir sind aufgefordert, eine neue Organisationsform unseres Zusammenlebens zu finden. Wir sind aufgefordert, das Miteinander und Füreinander neu zu organisieren. Wir müssen erkennen, daß sowohl die individualistische als auch die kollektivistische Weltordnung ohne jede Zukunftschancen ist - es sei denn, Untergang sei eine Zukunftschance. Nur eine Weltordnung, die von einer gemeinschaftlichen Konzeption ausgeht, wird dem großen Unbehagen die Virulenz nehmen und schöpferische Impulse freisetzen. Wenn wir nicht endlich wach werden und unsere Scheuklappen ablegen, werden wir in nicht allzu ferner Zukunft vor einer präzisen Mutation stehen - dann wird aus dem großen Unbehagen der große Bruder geworden sein.

Was also ist zu tun?

Wir müssen uns von Ballast trennen - oder das Schiff unseres Daseins versinkt. hier nun eine unvollständige Liste heiliger Kühe, die wenn es zuweilen auch schmerzt - notgeschlachtet werden müssen:

Gewinnmaximierung
  Naturausbeutung
    Wachstumsideologie
      Prestige-Konsum
        Wegwerf-Produktion
          Bedürfnis-Lenkung
            Machtkonzentration
              Zensurenpädagogik
                Arbeitsethos
                  Monopolismus
                    Nepotismus
                      Lobbyismus

STAATSZIEL ERSATZHANDLUNG

Leselandschaft Wellentheater
Die Theaterstücke   2. Stück „Staatsziele"

Fünfter Akt   „Staatsziel Ersatzhandlung"

Die Familie- Lebenszelle des Staates - aufgebaut auf Partnerschaft, auf Zuneigung, auf Liebe. Attribute auch für das Fundament des Staates. Doch bei näherem Hinsehen bleibt davon nicht viel. Versteckt unter schimmernder Tünche aus Hochglanzlack ist ein fragiles, modernes Fundament zu besichtigen. Eine Lebenszelle ist von anderer Beschaffenheit.

Die Ursache ist trivial; zu trivial, um ernsthaft einbezogen zu werden. Eines der wesentlichsten Elemente menschlichen Seins bleibt mit schnöder Regelmäßigkeit im Rahmen von Partnerschaftsbeziehungen, von Partnerschaftsuntersuchungen relativ unbeachtet, avanciert zur Randerscheinung - die Sehnsucht. Sex, Treue, Untreue, Eifersucht, Polygamie, Monogamie, Beschützerrolle, wenns hoch kommt noch Zärtlichkeit und in jedem Falle Geld und Prestige, sind die vorherrschenden Meßlatten. Bis zum Überdruß werden wir damit abgefüttert. Aberwitzige intellektuelle Klimmzüge degradieren uns zu Schutz- Liebes- und Brutobjekten. Von einer in hoher Blüte stehenden Phrasendrescherei werden wir unablässig mit Desorientierungen kontaminiert. DieUnwissenheit befindet sich in einer triumphalen Festepoche.

Was spiel sich hier eigentlich ab? Können denn nur noch verstiegene Analysen unseren Denkapparat mobilisieren? Es ist wahrhaft verblüffend, mit welcher Vehemenz wir die neuesten Gags nachplappern, den wissenschaftlich verbrämten Interpretationen und Definitionen auf den Leim kriechen und uns damit auf das Niveau einer Labormikrobe begeben.

Was ist mit der Sehnsucht des Menschen? Ist Sehnsucht altmodisch, kitschig, verpönt? Beschränkt sich das Heimatrecht von Sehnsucht nur auf die seichten Gewässer des Genusses? Nur im Dämmerschlaf befindliche Seelen würden ein Ja als befindliches Ruhekissen wählen. Nur abgestumpfte Seelen und Hirne sind amateurhaft genug, um mit rasiermesserscharfen Seziermessern kaltschnäuzige Obduzierversuche an der Psyche vorzunehmen. Sehnsucht, Glück, Vertrauen, Sympathie - um nur einige Seiten der menschlichen Psyche
zu nennen - werden in hauchdünne Scheiben zerlegt, und zum Vorschein kommen dann die Präparate: Lustobjekt, Sexobjekt, Liebesobjekt, Dressurobjekt, Unterwerfungsobjekt. ist ja auch einsehbar, ist ja auch logisch: Einen Teil von einem funktionierenden Ganzen kann schließlich nicht mehr als ein Untersuchungsobjekt sein. Ein Organ agiert, reagiert, regiert, dirigiert. Ein Präparat hingegen muß alles und jedes über sich ergehen lassen, muß mit sich geschehen lassen, was dem Präparator in den sinn kommt.

Die Blätter, die Zweige, die Äste eines Baumes - wie könnten sie je die Wurzel ihres Baumes verstehen, geschweige denn untersuchen, analysieren, in den Griff bekommen? Unser Intellekt jedoch kann. Unsere Ratio kann. und wie! In aller Bescheidenheit, versteht sich, wird da unsere Psyche, unser Wurzelwerk exakt auseinandergenommen - typisiert und katalogisiert, um sich schlussendlich optisch/haptisch visualisiert in Hörsäel wiederzufinden.

Das Baumblatt könnte zu der Einsicht gelangen, es lebe allein vom Sonnenlicht sowie dem gelegentlichen Regen - wozu da noch Zweige, Aste, Stamm und Wurzelwerk, vom Erdreich ganz zu schweigen. Zu ähnlichen Schlußfolgerungen neigt unsere Vernunft, die hehre, die unwiderstehliche, die unbezwingbare.

Wir mögen einfach keine Abhängigkeiten. Jedwedes Zusammenspiel ist uns im Grunde zuwider. Der Gaumen soll wählen können, der Magen soll wählen können, der Darm soll wählen können und der Schließmuskel selbstverständlich auch. Alles und jedes soll frei sein. Wir denken eben nicht organisch, sondern punktuell. Wir denken linear und nicht komplex. ist ja auch viel einfacher und einleuchtender. Auf linearer Schiene läßt sich in wunderbarer Klarheit und Folgerichtigkeit ein Gedanke ausbreiten. Aber Entwicklung verläuft nun einmal nicht linear. Entwicklung verzweigt sich, überlappt sich und wieder ereignen sich neue Feedbacks, immer wieder werden aufgrund des Zusammenwirkens von Zufall und Auslese neue Wirklichkeiten geboren. Und dann stehen wir da mit unserem linearen Denken mit unseren punktuellen Gewissheiten, die im Sturm der Fakten wie Engelhaar verwehen. Vorbei dann mit allen Sehnsüchten, vorbei mit Hoffnungen und träumerischen Wünschen, knallharter Durchsetzungswille ist angesagt.

Unsere Psyche, unser Gefühl ist da völlig anders gestrickt und eben darüber mokiert sich das Blattwerk unseres Geistes. Unser Geist hat angesetzt zum großen Sprung nach vorn. Das Wurzelwerk des Baumes - das Emotionswerk unserer Psyche— soll zu einem punktuellen Erscheinungswerk diversifiziert werden. Hier ein Wurzelstück, dort ein Wurzelstück, da ein Wurzelstück und zwischendrin ein paar Hydrokörner. analog also, hier ein Stück Sex, dort ein Stück Liebe, da ein Stück Polygamie und zwischendrin ein bisschen Partnerschaft. Wie war das noch, Bäume sterben aufrecht? Es sieht ganz so aus, als wolle auch unser Geist aufrecht in die ewigen Jagdgründe eingehen.

Nicht wenige werden jetzt sagen, das alles sei Polemik oder allenfalls Negationslust. Dazu wäre zu bemerken, daß nicht wenige mit der Einsicht auf dem Kriegsfuß stehen. Einsicht ist die bitterste Prozedur, der man sich als Mensch stellen kann oder muß. Wundern wir uns also nicht darüber, wenn Ignoranz und rosarote Besserwisserei uns in einem narkotisierenden Selbstverfremdungswahn wiegen.

Was ist mit der Sehnsucht? Ach ja - irgentwann waren wir damit liiert. Wir sind geneigt, Sehnsucht als infantiles Schmachten zu denunzieren und ergo werden entsprechende Regungen unseres Gemüts, überholten Entwicklungsstadien angelastet. Gratulation! Ist es uns doch gelungen, eine Fabelmethode der selbstenfaltenden Weiterentwicklung und Selbstwerdung zu installieren. Zu Beginn der Fahrt - während unserer Kindheit - dürfen und sollen wir einen geräumigen Omnibus benutzen. Doch um so größer, je älter , je reifer wir werden, um so kleiner werden die Transportmittel. Es ist nur konsequent, wenn wir bei dieser Verblödungsmethode zu guter Letzt am Stock gehen.

Wer ist eigentlich erwachsen? Ein Kind mit 6 Jahren oder ein so genannter Erwachsener mit 60 Jahren? Würden Bäume wachsen wie wir Menschen, gäbe es nur Gestrüpp. Verhielte sich die Ordnung des Universums analog unseren Zeugungen, gäbe es lediglich verreckende

Sonnen, die schwarze Löcher fräßen und von wissen Zwergen belacht würden. Mit nicht enden wollender Akribie ersinnen wir sich stets aufs Neu übertreffende Widersinnigkeiten jeglicher Couleur.

Ist es wirklich unserer Sehnsucht höchstes Ziel, die Erde tausendmal vernichten zu können? Erschöpft sich das Wollen unserer Sehnsucht etwa in der Teilnahme an dem gnadenlosen Konkurrenzgerangel? Kann es angehen, daß ein atomarer Entsorgungspark unsere Sehnsucht erfreut? Liebt es unsere Sehnsucht, auf Autobahnen in den Tod zu rasen? Und erst unsere Plastikkultur - ein Ausdruck von Sehnsucht?

Sehnsucht wurde zu einer Ramschware - an Crime und Porno gebunden. Und was wir uns an Stelle von Sehnsucht eingehandelt haben, ist eine olympische Leistung sondersgleichen:

Sehnsuchtsersatz: Sentimentalität
Sehnsuchtsersatz: Machtlust
Sehnsuchtsersatz: Drogenkonsum
Sehnsuchtsersatz: Materialismus
Sehnsuchtsersatz: Egoismus

Kurzum: Die Abwesenheit von uns selbst haben wir uns eingehandelt. Nur Aussätzige könnten ein solches Wertgefüge Heimat nenne. Ohne es zu bemerken, wurden wir zu Adoptivlingen des großen Bruders. Die Missachtung der Konsequenzen unseres Tuns, der automatische Augenverschluß gegenüber unseren Hinterlassenschaften sind die signifikanten Merkmale unseres Könnens.

Wir haben unsere Sehnsucht zerhackt, zerstückelt, bis zur Unkenntlichkeit verstümmelt. Aus unserer Sehnsucht haben wir ein Geisterheer von Absurditäten gebastelt. Die Fangarme dieses Geisterheeres beginnen nach uns zu greifen, igeln uns ein, lassen uns starr vor Schreck werden. Die nicht bedachten Konsequenzen beginnen uns einzuholen. ergeben wir uns also unseren entwickelten Sehnsüchten. Ergeben wir uns unseren Ersatzhandlungen.

STAATSZIEL UNVERMÖGEN

Leselandschaft Wellentheater
Die Theaterstücke   Zweites Stück   „Staatsziele"

Sechster Akt   „Staatsziel Unvermögen"

Betrachten wir einmal das Verhältnis der Geschlechter zueinander unter dem Aspekt der rationalen Hybris. auch hier - wie gegenüber der Natur - Kriegszustand. Der grassierenden rationalen Hybris ist das Maß für partnerschaftliches Verhalten abhanden gekommen. Partner ist nur noch Part, nur Teil. Das Ganze - die Partnerschaft - wird zunehmend als Glückseligkeits-Utopie herabgewürdigt, als Wolkenkuckucksheim an den Analyse-Pranger gestellt.

Es ist unbegreiflich, welche Mühen hier obwalten. Im Verhältnis zwischen Mann und Frau haben eindeutig die Mühen das Sagen. Liebe, Zuneigung, Zärtlichkeit, Hingabe wollen errungen sein - das gibt man nicht so einfach so weg. Das wächst nicht so einfach am Baum der Lust.

Da wird sich bemüht und gemüht bis zur totalen verbalen Erschöpfung. Da muß heraus wie man sich um den anderen bemüht. Da muß heraus, welche Mühe man mit dem Anderen hat und das schreit nach Anerkennung. Es ist, wie auf den anderen Lebensfeldern auch: Mit dem Kopf durch und gegen die Wand, weil Versöhnungsfeste so gut tun. Alles schreit nach Last, nach selbst auferlegter und/oder fremd aufgelegter Last. es fragt sich nur, wo unter Last sich Lust entfalten soll. Tagtäglich geben wir unsere auf Gegenseitigkeit beruhenden Rationen:

- ganz zuoberst die Last-Ration   (Lastration)
- davon abhängig die Lust-Ration   (Lustration)
- bleibt als Ergebnis die Frust-Ration (Frustration)

Was aber sind nun die Lasten, die wir uns auferlegen? Wo liegen die Tiefpunkte, die uns nach unten ziehen, uns fesseln, uns partnerunfähig machen, uns in uns versinken lassen?

Die erste Stelle im Fühlen, Handeln, Denken sollte der Partner einnehmen. Ein Grundsatz, der kompromisslos und uneingeschränkt beherzigt werden sollte. Aber nein! Der olympische Goldrang wurde längst von anderen Interessen und Disziplinen in Besitz genommen. Karriere, Kapital, Kinder, Firma, Freunde, Freizeit. Das sind die Partner auf Platz 1. Ein wahrhaft olympisches Gedränge zu Lasten des Liebespartners. Die Last von Platz Eins sie drückt und erdrückt. Und bricht der Partner irgentwann unter diesen Belastungen zusammen, geht in der Regel auch die Partnerschaft in die Brüche. Der Selbsterhaltungstrieb läßt die Flucht aus der Partnerschaft geraten erscheinen. Das Schwarze-Peter-Spiel von Schuldzuweisung und Versagen kann beginnen.

Wer zusammenbricht, hat es versäumt frühzeitig seine Überforderung anzumelden. Das Opfer wird schuldig gesprochen und es wird ihm die Einsicht abverlangt fernerhin fürsorglicher zu sein. Selbstverständlich fürsorglich dem Partner gegenüber, der diesen Zusammenbruch erstens nicht versteht und zweitens zu verkraften hat.

Wer indes die Partnerschaft beendet, handelt verantwortungslos, ist undankbar, roh, gefühllos und charakterlos. Kurzum: Ein Unmensch, liebesunfähig und egoistisch. denn daß eine an äußerlichen Werten orientierte Lebens- und Liebesordnung partnerschaftliche Belastungsmomente in Serie erzeugt, einer solchen Erkenntnis wird ein erbitterter Kampf angesagt. Eigenmächtig gegen geheiligte Rangordnungen zu rebellieren - zumal noch in der hinterlistigsten Manier psychosomatischer Hysterie - wird vom Rangbestimmer und Rangverwalter als Anschlag auf die eigene Glücksstrategie verstanden.

Die Schlussfolgerung ist eindeutig:

Niemals den ersten Platz räumen - niemals! Wer sich auf den zweiten Platz verdrängen läßt, der wird schon sehr bald mit dem letzten Platz vorlieb nehmen müssen, bis ihm zu guter Letzt nur noch ein Stehplatz bleibt. Der Stehplatz des Unvermögens.

ANHANG

Leselandschaft Wellentheater
Anhang

Rechenexempel

Die prozentualen Zuwachsraten des Bruttosozialproduktes werden jeweils auf der Basis des Vorjahres berechnet. Bei dieser Berechnungsmethode der ständigen Relativierung, d.h. der Bemessung des Zuwachses am kumulierten Bestand, müssen die Zuwachsraten nach dem mathematischen Gesetz der Nullfolge für eine unendliche Reihe, ständig kleiner werden.

Beweis:

Eine Straßenbaukolonne baut zehn Tage lang - bei einer täglichen Arbeitszeit von jeweils 8 Stunden - exakt an jedem Tag 1 km Straße. Bei Arbeitsbeginn am ersten Tag ist 1 km Straße vorhanden. Arbeitsleistung und Zuwachs wären somit für sämtliche 10 Tage gleich hoch. Nach der Berechnungsmethode unseres Bruttosozialprodukts jedoch ergibt sich ein gänzlich anderer Sachverhalt. Sehen sie selbst:

1. Tag: 1 km Bestand + 1 km Neubau   Zuwachs = 100   %
2. Tag 2 km Bestand + 1 km Neubau   Zuwachs = 50   %
3. Tag 3 km Bestand + 1 km Neubau   Zuwachs = 33,3 %
usw.
10. Tag 10 km Bestand + 1 km Neubau Zuwachs = 10   %

Bergab geht es mit unserer fleißigen Arbeitskolonne. Trotz täglich gleichbleibender Leistung bei unveränderter Arbeitszeit sackt der Zuwachs des zehnten Tages auf jämmerliche zehn Prozent. Eine faule Bande, die da am Wirken ist. Mache sich ein jeder seinen eigenen Reim auf einen derartigen Schwachsinn - Wirtschaftsstatistik geheißen und definiert als offizielle Meßlatte unseres Wirtschaftswachstums. Und alle - Verbände, Gewerkschaften, Regierung, Journalisten, Wissenschaftler, die gesamte Öffentlichkeit start gebannt und faziniert auf dieses mathematische Chamäleon.

Wollte die Kolonne übrigens ihre Ersttagsleistung halten, wäre sie genötigt, am 10. Tag bereits 512 km Straße zu bauen und am 16. Tag müßte schon eine Straße fast um den gesamten Erdball herum gebaut werden. Ein Nonsens ohnegleichen, ein abgrundtiefer Quatsch.

ANHANG 2   MEMORANDUM

Falls es noch eines Beweises bedurfte für die Gleichgültigkeit und Verantwortungslosigkeit der heutigen Politiker, Juristen und Theologen sei auf das Memorandum des Autors vom verwiesen.
In diesem Memorandum wird kompetent auf die Gefahr der Neutrino-Abstrahlung der Kernkraft-Werke verwiesen.
Eine Gefahr für die gesamte Menschheit. Insgesamt ging das Memorandum im Jahre 2013 an über 40 Personen, Parteien und Institutionen. Die Reaktion war gleich Null.
Einfach unfassbar, unbegreiflich.
Und die Wissenschaftler? Was sagen diese zu der Gefahr der Kernspaltungs-Neutrinos?
Die Gefahr wird seitens der Wissenschaft sozusagen in Watte gepackt.
So nach dem „GAU" Prinzip:

DAS GRÖSSTE ANZUNEHMENDE UNWAHRSCHEINLICHE

Es bleibt ein Rest von Wahrscheinlichkeit, die sich zum Größten anzunehmenden Unfall entwickeln kann.

MEMORANDUM   Rüstungen, den 12.8.2013

<u>Die menschheitszerstörende Auswirkung der Kernspaltungs-Neutrinos.</u>

Diese werden von den weltweit in Betrieb befindlichen Kernkraftwerken tagtäglich, ununterbrochen und millionenfach abgestrahlt.
Ein Blockadeschutz existiert nicht.

Dieses Geschehen steht im klaren Gegensatz zu den von der Sonne ebenfalls tagtäglich, ununterbrochen und milliardenfach abgestrahlten Fusions-Neutrinos.
Es ist davon auszugehen, dass der Wellencharakter beider Neutrino-Arten spezifisch ausgeprägt ist und demgemäss auch spezifische Wirkungen auslöst.

Neutrinos (auch Geisterteilchen genannt) sind masselos und bewegen sich mit Lichtgeschwindigkeit ungehemmt durch Körper und Objekte.
Der Atom-Physik gelang erst nach umfangreicher Suche der Nachweis von Neutrinos aufgrund von deren Spuren in Nebelkammern.(siehe auch das Buch: das Neutrino-Geisterjagd in der Atomphysik von Isaac Asimov Umschau Verlag 1971)
Dieser Spurennachweis bedeutet aber zugleich, dass Neutrinos in der Lage sind auf molekularer Ebene Wirkungen zu erzielen.
Hierbei stellt sich allerdings die Frage, ob diese molekulare Wirkung auf Kernspaltungs- sowie Fusions-Neutrinos zutrifft, oder nur auf Kernspaltungs-Neutrinos.
Aufgrund der Ihnen innewohnenden Wirkungsweise sollten demgemäß Fusions-Neutrinos nicht in der Lage sein molekulare Netzwerke zu zerteilen sondern zu erhalten.

Tatsache ist:
es existiert eine ununterbrochene massenhaft und nachhaltige funktionale Einwirkung der Kernspaltungs-Neutrinos auf das funktionale Zusammenspiel der cerebralen Neuronen.
Diese immense Gefährdung der geistigen Gesundheit der Menschheit wurde von der Wissenschaft bisher nicht erkannt.

Die weltweite Zunahme der Autoimmunkrankheiten sowie der Anstieg der Epilepsie und hier insbesondere die Epilepsie, die bereits im Säuglingsalter ohne erkennbaren Grund auftritt, sind Vorboten der Gefahren, die von den Kernspaltungs-Neutrinos ausgehen.
Zu bedenken sind hier eben auch alle Autoimmunkrankheiten, wie z.B. Parkinson, Multiple Sklerose, Hashimoto, um nur einige beispielhaft zu erwähnen.
Die Bezeichnung Autoimmunkrankheit ist irreführend. Weder ist es eine Krankheit, noch entsteht dieses Leiden automatisch, also sozusagen von selbst, ohne Grund, noch hat es ursächlich mit dem Immunsystem zu tun. Es handelt sich um einen autonomen Selbstzerstörungsprozeß des Körpers mit oder ohne Todesfolge. Die Frage ist nun, wie es zu diesem Selbstzerstörungsprozeß des Körpers kommen kann?
Was sind die Ursachen dieses Dramas?

Die Wissenschaft tappt im Dunkeln, kann uns keine überzeugende Antwort liefern. Aber es muss eine klare, eindeutige Ursache vorhanden sein. Diese Ursache zu finden, sollte das Hauptziel heutiger wissenschaftlicher Forschung sein.

Die richtige Bezeichnung wäre Anti-Immunkrankheit. Eine Krankheit, die die Steuerung des Immunsystems weitgehend außer Funktion setzt. Die Folge ist, dass aus dem Freund und Beschützers ein Feind des Körpers wird. Diese Fehlsteuerung unter dem Gesichtspunkt der ursächlichen, zerstörerischen Wirkung der Kernspaltungs-Neutrinos.

Als Autor dieses Memorandums habe ich allerdings für mich persönlich auf diese Frage eine Antwort gefunden. Ich möchte der Öffentlichkeit diese Antwort nicht vorenthalten. Die Antwort besitzt ihr Zuhause im weltanschaulichen Raum von Ethik und Religion. Ich möchte es kurz und prägnant ausdrücken. Der Mensch hat der Natur seit Jahren den Krieg erklärt. Und nun schlägt die Natur zurück.

Die Natur wäre aber auch in der Lage, ihr Arsenal zu modernisieren und hierbei insbesondere die Kernspaltungs-Neutrinos mit weiteren Wirkungsmöglichkeiten auszustatten.
Der Mensch sollte also die Selbsterhaltungsstrategie der Natur keinesfalls unterschätzen.
Es wäre ein wirklich sträflicher Leichtsinn.

Insbesondere sei aber auch auf eine wirklich ungewollte Einwirkung verwiesen.
Es handelt sich hierbei um das sich ständig verschiebende Verhältnis zwischen Sonnen (Fusions-) und Kernspaltungs-Neutrinos. Dadurch entsteht eine widernatürliche Schieflage, von den Menschen ungewollt und ungeplant. Diese Schieflage verursacht nun wieder allein aufgrund ihres Vorhandenseins umfassende und dramatische Einwirkungen auf sämtliche Lebens- und Naturbereiche.
Auch hier spräche also die Natur ihr eigenes Wort und damit wäre die Antwort der Natur auf die Fahrlässigkeiten der Menschheit eindeutig.

Es ist wirklich an der Zeit, dass die Menschheit sich besinnt und sich endlich von der globalen Verantwortungslosigkeit verabschiedet.

Aus diesen Tatbeständen ergibt sich zwangsläufig eine eindeutige Konsequenz.

Da der negative Einfluss der Kernspaltungs-Neutrinos die gesamte Hirn Region betrifft, sind auch Überlegungen zu berücksichtigen, die über das bisher genannte hinausgehen.
Insbesondere muss das Interesse auf die Mutations-Vorgänge gerichtet werden.
Ein besonderes Augenmerk gilt hier den zu Krebs-Zellen entarteten Zellen.
Aufgrund Ihrer molekularen Wirkungsweise wären die Kernspaltungs-Neutrinos durchaus in der Lage, den Steuermechanismus einer Zelle zu verändern und damit eine Mutation zu bewirken. Dieser Mutations-Effekt, hervorgerufen durch die Kernspaltungs-Neutrinos ist aber ebenso bei Viren und Bakterien denkbar. Diese Überlegung wäre auch zugleich eine überzeugende Analyse für die stetig zunehmenden Mutationen bei Viren und Bakterien.

Von einem derzeit aktiven Onkologen erhielt der Autor dieses Memorandums vor einiger Zeit die Mitteilung, dass der Mensch dem Entwicklungsstand der Natur stets hinterherhinke. Es sei also dem Menschen gar nicht möglich, die Natur einzuholen, geschweige denn sie zu überholen.
Diese Einsicht in die Begrenztheit wissenschaftlicher Möglichkeiten sei der gesamten

heutigen Wissenschaft ins Stammbuch geschrieben.

Will die Menschheit überleben, müssen weltweit sämtliche Kernkraftwerke sofort abgeschaltet werden.
Geschieht dies nicht, wird damit der schleichende Prozess der cerebralen Veränderung – wenn nicht gar der Zerstörung – fortgesetzt, bis der „ point of no return" erreicht wird und jede Wende zu spät kommt.

Die Abschaltung aller Kernkraftwerke würde zweifellos eine Fülle von wirtschaftlichen, finanziellen und wohl auch politischen Problemen ergeben. Aber es ist schließlich eine Frage der Güterabwägung. Das Gut der menschlichen Existenz gegen die Güter von Rendite, Spekulation und Börsen-Kursen. Die anstehende Güterabwägung kann nur zu Gunsten der Sicherung der menschlichen Existenz erfolgen. Eine andere Entscheidung lassen Vernunft und Verantwortung nicht zu.

Probleme sind Aufgaben. Aufgaben sind zu lösen. Neue große Aufgaben benötigen neue mutige Lösungs-Instrumentarien. Der Autor selbst war 11 Jahre System-Analytiker in der Großindustrie und oft mit der Lösung anscheinend unlösbarer Aufgaben betraut. Ich weiß also wovon ich spreche. Hier spricht kein Blinder von der Farbe.

Die erfolgreiche Lösung aller Aufgaben, die sich insgesamt aus der Abschaltung aller Kernkraftwerke ergäben, würde einen umfassenden Umdenkungsprozeß erforderlich machen.

Abschließend möchte ich eine Frage zur Diskussion stellen: manifestieren die Neutrinos eine weitere, bisher nicht erkannte Naturkraft?
Sind die Neutrinos systemisch eingebunden in die bekannten Naturkräfte?
In diesem Zusammenhang sei auf das Neutrino-Rauschen im Hintergrund des Universums verwiesen, sozusagen als Überbleibsel des Urknalls.
Was ist mit dem Zusammenspiel von Gravitation und Neutrinos? Was tut sich da?
Kommt den Neutrinos gerade wegen ihrer Masselosigkeit nun ein besonderes Gewicht zu?
Sind die Neutrinos etwa zugleich die vom Forscherteam des CERN gesuchten Gottesteilchen? Es spricht einiges dafür. Man wird doch mal fragen dürfen.
Die Neutrinos symbolisieren gewissermaßen Gott. Auch Gott ist ja masselos aber die göttliche Energie erfüllt das gesamte Universum. Wie wären sonst Wunderheilungen, Spontanheilungen und die vielen Geistheilungen denkbar. So gesehen wären die Neutrinos Heilbringer Gottes und es würde sich als Wahrheit herausstellen, dass Gott heilt.

Zu guter Letzt noch eine persönliche Huldigung an den heiligen Geist, der mir in meinem 81. jährigen Leben oft zur Seite stand und mich die Gottlosigkeit unserer Zeit immer mal wieder vergessen ließ.

heiliger Geist, der Du mich berührt
heiliger Geist, der Du mich geführt
heiliger Geist, der Du immer schon da,
halleluja, halleluja
Du bist die große Liebe
Du bist das große Glück

Du bist der helle Sonnenschein
in jedem Augenblick

Resümee:

Es sollte einen Unterschied machen, ob Neutrinos im Rahmen eines Fusionsprozesses – also durch einen konstruktiven Prozeß der Zusammenführung – oder durch einen Kernspaltungsprozeß – also durch einen destruktiven Zerstörungsprozeß entstehen.

Entsprechend Ihrer Entstehung sollte sich nun auch die Wirkungsweise der Neutrinos – also entweder konstruktiv oder destruktiv – sein. Auf Grund ihrer massenhaften destruktiven Einwirkung auf sämtliche Körperzellen würde das wiederum zu einer Vielzahl von Entartungen und somit zu Mutationen von Körperzellen führen.

gez. Wilhelm G. A. Diercks

Verteiler

- Bundespräsident, Joachim Gauck
- Bundestagspräsident, Wolfgang Thierse
- an die Fraktionsvorsitzenden der im Bundestag vertretenden politischen Parteien
- Bundeskanzlerin, Angela Merkel
- Bundesratspräsident
- Präsident des Bundesverfassungsgerichtes
- Sämtliche im Bundestag und /oder den Länderparlamenten vertretenden politischen Parteien
- Der Vorsitzende der deutschen Bischofskonferenz, Dr. Robert Zollitzsch, Erzbischof von Freiburg
- der Vorsitzende des Rates der evangelischen Kirche
- der Vorsitzende des deutschen Gewerkschaftsbundes
- Bundesvereinigung der deutschen Arbeitgeber Verbände
- der Präsident des deutschen Olympischen Sport Bundes
- das Bundesministerium für Bildung und Forschung
- der Präsident der deutschen Bundesbank
- Tageschau Redaktion, Heute Redaktion, Bild Redaktion, FAZ Redaktion, Welt Redaktion
- Norddeutscher Rundfunk
- Präsident der Bundesärztekammer
- Provinzialat der Deutschen Franziskanerprovinz
- Altbundeskanzler Helmut Schmidt, Helmut Kohl, Gerhard Schröder

- Margot Käßmann
- Annette Schavan
- Papst Franziskus I
- eremitierter Papst Benedikt XVI

- Altbundespräsident Christian Wulff
- Günther Jauch
- Oskar Lafontaine

Danksagung

Ich danke meiner Ehefrau Svenja für Ihren unermüdlichen liebevollen Einsatz bei der Erstellung dieses Buches. Ihren Sachverstand wußte ich stets zu schätzen.
Ebenso danke ich den Mitarbeitern/Mitarbeiterinnen des BOD Verlages, die mir mit beeindruckender Höflichkeit und Kompetenz bei der Veröffentlichung meines Buches zur Seite standen.

Der Autor, Wilhelm G.A. Diercks, Jahrgang 1932, geboren in Walsrode ist von Beruf Kaufmann in späterer Ausbildung zum System Analytiker (Programmierer und Organisator) und war dann jahrelang bei einem großen Industrieunternehmen angestellt.
Er hat in Berlin und Schleswig Holstein (alleine 20 Jahre in Flensburg) gelebt.
Seit 2008 lebt er mit seiner Frau im thüringischen Eichsfeld.

Er deckt ein vielseitiges künstlerisches Spektrum ab, als:

* Autor von 8 Büchern, die nach und nach bei BOD erscheinen werden ,
auf WELLENTHEATER

folgt demnächst Der Gedichtband WORTBILDER ERFAHRUNGSBEREICH ERDE und DASLAND - eine retrospektive Prophetie

Wellentheater voraus ging:

1. TERRA PLANET DER ABENTEURER
2. MR. MELLERBOOK – Portrait einer Kunstfigur

von der Frau des Autors Svenja Hübner-Diercks folgt demnächst:

MIT ROHKOST FIT UND GESUND

* Komponist

*Maler von ca 200 Unikaten

Impressum
Herstellung und Verlag:
BoD-Books on Demand, Norderstedt
ISBN: 978-3-7357-2214-0